啄木鸟
生活与法律指引

财物侵占与损害纠纷 101 问

刘 媛 主编

华中科技大学出版社
http://www.hustp.com
中国·武汉

图书在版编目（CIP）数据

财物侵占与损害纠纷101问/刘媛主编. -- 武汉：华中科技大学出版社，2022.3
（啄木鸟生活与法律指引书系）
ISBN 978-7-5680-7947-1

Ⅰ.①财… Ⅱ.①刘… Ⅲ.①财产权益纠纷－中国－问题解答 Ⅳ.①D923.04

中国版本图书馆CIP数据核字（2022）第019540号

财物侵占与损害纠纷101问
Caiwu Qinzhan Yu Sunhai Jiufen 101 Wen

刘媛　主编

策划编辑：郭善珊
责任编辑：张　丛
封面设计：张　靖
责任校对：李　戈
责任监印：朱　玢
出版发行：华中科技大学出版社（中国·武汉）　　电话：（027）81321913
　　　　　武汉市东湖新技术开发区华工科技园　　邮编：430223
录　　排：高　翔
印　　刷：武汉旭辉印务有限公司
开　　本：880mm×1230mm　1/32
印　　张：7.25
字　　数：172千字
版　　次：2022年3月第1版 第1次印刷
定　　价：52.00元

本书若有印装质量问题，请向出版社营销中心调换
全国免费服务热线：400-6679-118，竭诚为您服务
版权所有　侵权必究

序 言

法律是保护公民的最直接、最有效的手段和工具。对于大多数的人而言，法律既陌生又熟悉。好像人人都知道那么几个罪名，知道自己有哪些权利，但真正遇到问题时却束手无策。比如为防止相邻车位发生剐蹭，可以在车位相邻处安装防护栏吗？楼上的邻居经常制造噪声，怎么办？父母去世后，兄弟姐妹继承父母房屋是共同共有还是按份共有？因此，我们非常高兴完成这样一本贴近百姓生活的小册子，这也算是我们作为法律工作者，向社会贡献了自己的一些小力量。

为了让广大读者能够看得明白、弄得清楚《中华人民共和国民法典》（以下统称《民法典》）物权编的内容，我们通过以案释法、律师解读、法律应用等方式，凭借四位律师的从业经验梳理总结出百余个与人民群众的切身利益相关的问题，以问答的方式对于各种常见的法律问题进行解读，帮助读者更好地应对生活中遇到的物权相关法律问题，以期起到宣传法治教育的作用。

同时，为了增强本书的趣味性和可读性，达到"以案普法、以法维权"的目的，本书从财务侵占与损害纠纷的角度出发，涵盖所有权、建筑物区分所有权、居住权、地役权、相邻权、土地承包权、土地经营权等权利内容以及涉及的侵权责任问题，同时也包括民事诉讼等程序环节，覆盖从实体到程序的各个方面。每一章节都以小的知识点开始阐述，而后引入典型案例，由律师对案例进行详细解读，并以相关法律条文结尾。用通俗易懂的语言阐述民事法律的深刻内涵，让本书的读者对于各类物权相关案件都有较为清晰的认识和全面的把握。本书致力于为人民群众的权利保驾护航，希望能让每一位读者读懂用好。

目 录

第一章 公民合法财物权益的原则问题

1. 合法承包的土地被他人非法侵占怎么办？/1
2. 因为有经济纠纷，未经车主同意，将其车辆开走抵债可以吗？/1
3. 夫妻离婚时虽对房产分配做出明确约定，但未办理过户登记，房产的权属是否已经明确，是否受法律保护？/2
4. 父母出资购买房屋，将其产权登记在子女名下，子女对房屋依《民法典》物权编行使物权，将损害父母生活的，法律会保护父母的权益吗？/2

【案例1-1】岳母因家庭矛盾损坏女婿汽车，需要赔偿吗？/2

【案例1-2】没有书面买卖合同，仅有微信记录，沙石交易产生欠款，权利人向法院起诉会得到支持吗？/3

【案例1-3】没有房屋所有权的丧偶老人没有其他房产，是否有权继续居住在原居住房屋内？/5

【案例1-4】同居男女一方为另一方的子女买房出资，该房屋属于共有财产吗？/6

第二章 物权的设立、变更、转让和消灭

第一节 不动产登记过程中发生的财物侵权问题/9

5. 购房人购买了房屋但没有办理不动产权证书，房屋被法院因其他案件查封后可以申请法院解除查封吗？/9
6. 利害关系人认为不动产登记簿记载的事项错误，侵犯了自己的财产权时，应该怎么处理？/10

7. 在财产共有一方不知情的情况下，受让人在什么样的情况下才算是善意取得并受法律的保护？/10

8. 在办理房屋所有权登记时提供的申请材料中有虚假材料，有什么后果？/10

9. 利害关系人在认为不动产登记簿记载的事项错误时，通过法律途径寻求救济有时效的要求吗？/11

10. 对于一房二卖合同履行问题，法院的处理原则是怎么样的？/11

11. 城市房屋买卖时做了预告登记，是否就证明买房人已经合法占有该房屋呢？/12

12. 抵押房产在房屋登记机构受理抵押登记申请后申请人尚未缴费期间被查封的，申请人能取得抵押权吗？/12

第二节 动产交付中发生的财物侵权问题 / 13

13. 机动车转让需要进行过户登记吗？/13

第三节 其他规定 / 13

14. 夫妻一方死亡且继承完毕后，健在一方享受已死亡配偶的工龄优惠，同时用个人财产购买的公有住房视为个人财产还是夫妻共同财产？/13

15. 当事人是否能就已被合法拆除的房屋向人民法院起诉要求判决确定所有权人？/13

16. 购买商品房做登记备案和做购买商品房预告登记，哪一个更有利于保护购买人的财物权利？/14

【案例2-1】借名买房，并不是只有好处，还有法律的风险。/14

【案例2-2】登记机构办理不动产登记负有审慎审查职责，否则登记无效。/15

【案例2-3】抵押人和抵押权人共赴登记机关办理房产抵押登记，但登记机关未记载于不动产登记簿的，应当认定抵押权未设立。/18

【案例2-4】夫妻共同房产仅登记在一方名下，房产有登记人抵押担保，抵押权人是否属于善意？抵押权人是否侵犯了夫妻共同财产？/20

目 录

【案例 2-5】房屋登记为共有,一方提出主张房屋应归自己所有,这样的要求合法吗?/22

【案例 2-6】在小客车车辆限牌的情况下,当事人为了规避地方行政部门的管理规范借名买车,人民法院是否可以对登记人名下的车辆执行?/23

【案例 2-7】经抵押权人同意,抵押人将抵押物转让并将转让款用于偿还抵押人借款的,抵押权人将抵押物丢失的,抵押物的权利人可以要求原抵押权人承担赔偿责任吗?/25

【案例 2-8】房屋自拆除之日起物权已经消灭,人民法院会就已消灭之物判决确定所有权人吗?/26

第三章 财物权的保护

17. 因物权的归属、内容发生争议的,有哪些解决途径?利害关系人需要如何解决?/28

18. 物业所有人将物业转让时,除去专有部分的产权外,共有部分的产权也一并被转让吗?/28

19. 在合理范围内装修未造成实际损害的情况下,邻居阻挠装修进行并要求赔偿损失的,人民法院会支持吗?/29

20. 相邻关系建筑物在日照、采光和通风方面形成的妨碍超出必要的容忍限度时,可支持排除妨碍和损害赔偿吗?/29

21. 基于生效法律文书发生的物权变动,必须经过登记、交付才能生效吗?/30

22. 患者去世后,患者的家属对患者的人体医疗废物享有支配权吗?/30

23. 车主如果能够证明车辆贬损价值是由交通事故直接造成的,可以要求肇事者对其予以赔偿吗?/30

24. 权利人的物权被侵犯,侵权人因同一行为还承担刑事责任的,权利人能要求侵权人承担对物权侵权的民事责任吗?/31

25. 劳动者因与用人单位发生的劳动报酬等劳动争议纠纷,对占有的单位财产,劳动者能行使留置权吗?/31

3

【案例 3-1】小区业主如何对小区被开发商占用的物业用房主张权利？/31

【案例 3-2】公司证照被侵占，如何要求返还？/32

【案例 3-3】相邻关系下的通风、采光等权益受到损害的可以要求赔偿吗？/33

第四章 占有问题

26. 定作人要求承揽人返还剩余物料受法律诉讼时效的限制吗？/35
27. 财物占有人的财物被占有超过一年向法院起诉，法院会支持占有人的主张吗？/35

【案例 4-1】加工承揽合同的加工人将剩余物料占有，承担保管责任吗？/36

【案例 4-2】拾得他人丢失的手机不予归还，承担责任吗？/37

【案例 4-3】误将别人家的羊当成自家的羊饲养，返还时可以要求对方承担饲养的费用吗？/38

【案例 4-4】收不到租金，业主有权把出租物业的门锁住吗？/39

第五章 所有权一般规定

28. 什么是所有权？/41
29. 所有权的特征有哪些？/41
30. 所有权取得的方式有哪些？/42
31. 抢险救灾中对灾区受灾的危房爆破重建，补偿标准能否适用《中华人民共和国城市房地产管理法》《国有土地上房屋征收与补偿条例》中的房屋拆迁的相关法律规定？/42
32. 挖掘机被征用参与抢险救灾，在抢险救灾中毁损灭失的，挖掘机所有人的权利怎么救济？/42

【案例 5-1】被安置人是否就是安置房的所有权人？/43

目 录

【案例5-2】地震过后，政府组织灾区危房爆破是否按政府征收征用进行补偿？／44

第六章 国家所有权和集体所有权、私人所有权

33. 当探矿权人的矿产资源勘查许可权受到侵犯时，权利人应当如何寻求救济？／46
34. 房屋设置抵押的是否可以拍卖土地使用权？／47
35. 什么是黑广播？黑广播侵害了谁的权益，会受什么处罚？／47
36. 河滩上捡到的石头能据为己有吗？／47
37. 河滩上捡到的文物能据为己有吗？／48
38. 捡到的陨石必须上交国家吗？／48
39. 被征收人的合法权益有哪些？／49
40. 被征收人认为征收行为对其造成财产损失的，被征收人是否有权向人民法院提起损害赔偿的侵权之诉？／49
41. 当事人是否有权以宅基地使用权争议向人民法院提起诉讼？／50
42. 当事人甲（非宅基地所在范围内的集体经济组织成员）与当事人乙约定由乙提供宅基地，甲出资建设，房屋建成后归甲所有，该约定是否有效？／51
43. 村民委员会是否有权以签订合同的方式将河段采砂权发包给他人生产经营？／51
44. 当事人私自移植的重点保护野生植物遭到破坏，是否有权提起财产损害赔偿纠纷之诉？／52
45. 当事人在电力线路保护区域内种植的树木可能危及电力设施安全的，当事人是否应当无条件予以清除？／53
46. 沿海滩涂围垦建设的虾池是否需要办理《海域使用权证书》？／54
47. 村民为取得宅基地使用权证书，能否起诉要求村委会履行为其出具宅基地使用权来源证明的义务？／55

【案例6-1】在一方宅基地上联合建房，另一方能否主张房屋所有权？／56

5

第七章 业主的建筑物区分所有权

第一节 业主知情权 / 59
48. 业主享有哪些权利？ / 59
49. 业主是否有权要求物业公司公示公共部位经营性收入收支凭证和相关合同、账目等资料？ / 60
50. 业主是否有权要求业主委员会公示选举业主委员会的具体投票名单及所有业主的选票原件？ / 60
51. 业主委员会是否有权要求物业公司提交管理期间的全部收支账册并共同委托审计？ / 61
52. 业主是否可以向已被罢免的业主委员会委员主张业主知情权？ / 61

第二节 业主撤销权 / 62
53. 小区业主是否可以要求人民法院撤销业主大会做出的决议？ / 62
54. 小区业主是否有权以业主大会为被告，向人民法院申请撤销业主大会？ / 62

第三节 建筑物共有部分 / 63
55. 业主委员会是否有权要求物业公司分配小区共有部分收益？ / 63
56. 房间系超规划面积部分，是否能成为建筑物区分所有权的标的物？ / 63

第四节 排除妨害 / 64
57. 非同楼层的业主是否有权要求"住改商"的业主停止经营活动并恢复房屋的住宅性质？ / 64
58. 业主委员会筹资修缮受损电梯，未参与出资的业主，在修缮后是否有权继续使用电梯？ / 65

第五节 侵权 / 66
59. 开发商或经营管理公司依法改变原规划设计的，商铺产权人是否可以主张侵权损害赔偿？ / 66

目 录

60. 开发商将楼盘出售后，是否有权起诉业主要求其承担小区设施的损害赔偿责任？ / 66
61. 从水表处至业主室内使用的自来水管道（已经超过质量保修期限）漏水造成他人财产损失的，物业公司、开发商、业主谁应对此承担赔偿责任？ / 67
62. 根据高层供水压力分区需要，在相关压力区楼层室内安装的减压阀等设施漏水给业主造成财产损失，应由哪方主体承担损害赔偿责任？ / 67

第六节　车位的权利 / 68

63. 既没有登记，也没有约定的，小区地下停车位工程的所有权应属于开发商所有还是业主共有？ / 68
64. 买受人是否有权以签订《地下停车位使用权转让协议》时地下停车位并未竣工验收合格（没有明确的空间界限、位置）为由主张撤销《地下停车位使用权转让协议》？ / 68

第七节　物业服务合同 / 68

65. 什么是前期物业服务合同？ / 68
66. 物业公司提供服务前，开发商在取得过半数业主授权后，是否有权以通知形式解除其与物业公司签订的《前期物业服务合同》？ / 69
67. 小区业主是否可以主张按照实际用量而非"分摊系数（面积占比）"承担电费？ / 69
68. 业主能否以房屋质量问题为由拒绝缴纳物业服务费？ / 70

第八节　商品房买卖 / 70

69. 开发商未取得商品房预售许可证明，与买受人订立了商品房预售合同及相关从合同，后因买受人不能办理按揭贷款，买受人是否可以要求开发商退购房（车位）款以及购房（车位）款被占用期间的利息？ / 70

7

70. 售楼宣传单页中所记载的配套设施相关内容能否视为业主与开发商之间订立了地役权合同？/71

第九节 业主身份认定 /72

71. 什么是"业主的建筑物区分所有权"中的"业主"？/72
72. 业主的知情权义务主体是谁呢？/72
73. 业主委员会的决议什么情况下能被撤销？/73

第八章 相邻关系

74. 相邻关系的行使要基于合同约定吗？/74
75. 相邻权关系应该怎么处理？/74
76. 为防止相邻车位发生剐蹭，可以在车位相邻处安装防护栏吗？/74
77. 维修私自搭建的阳台棚顶需要从楼上邻居家借地进行，邻居不让，该怎么办？/75
78. 老旧小区加建电梯，一楼业主表示反对的，可以阻挠施工吗？/75
79. 在不动产权利人发生变化的情况下，侵害相邻权的责任由谁承担？/75
80. 相邻不动产权人协议约定建筑高度的，一方可以在并不违反建设工程规划许可的前提下，违约提高自身建筑高度吗？/76
81. 房屋转让前，出让人与相邻关系人对通行权有特殊约定的，该约定对受让人有效吗？/76
82. 通风、采光和日照的妨碍行为的判断是什么？/77
83. 新规划（在建）小区影响相邻房屋采光权，如何要求对方停止侵权行为？/77
84. 小区业主可以在小区公共绿地部分设置地源热泵等个人设施吗？/77
85. 空调挂机可以随意悬挂在外墙上吗？/78
86. 业主可以将公共露台变更为私人花园吗？/78

【案例8-1】邻居在楼道堆放杂物且不听劝阻拒不清理，怎么办？/78

目 录

【案例8-2】邻居家装修不当，影响房屋的使用怎么办？/79

【案例8-3】商住房采光受影响的需要赔偿吗？/81

【案例8-4】地铁合法施工造成商铺相邻权不便的，可以要求轨道交通公司赔偿吗？/82

【案例8-5】公司因自身经营需要改变原有排水通道，妨碍临近公司正常排水但又不同意采取补救措施的，临近公司可以自行采取补救措施并要求侵权人赔偿损失吗？/83

第九章 共有部分

87. 什么是按份共有，共有人的份额如何确定？/85
88. 什么是共同共有，共同共有一般在什么情形下出现？/86
89. 按份共有和共同共有有什么区别？/86
90. 共有关系存续期间，部分共有人可以擅自处分共有财产吗？/87
91. 共有人可以独自对共有物进行处分或修缮吗？/87
92. 共有人共同饲养的动物咬伤他人的，责任由谁承担？/88
93. 共有人可以随时主张份额共有物吗？/88
94. 几年前与人合买了一块玉石，如何分割才能保证玉石价值？/89
95. 按份共有的份额可以转卖吗？/89
96. 法律规定按份共有人的优先购买权要在"同等条件下"行使，那么，什么情况属于"同等条件"？/90
97. 按份共有人在转让其共有份额时应如何通知其他共有人？/90
98. 转让通知中没有写明优先购买权的行使期限，共有人在行权期间如何确定？/91
99. 商铺共有产权人中，有一人欠债不还的，人民法院有权直接拍卖吗？/91
100. 按份共有人在未告知其他共有人的情形下转让份额的，其他共有人可以主张优先购买权吗？/91
101. 共有人未经其他共有人同意擅自处分共有财产，受让人的权益如何保护？/92

102. 共同共有人拟对共有财产设定抵押,其他共有人知悉后没有发表意见的,可以视为同意吗? /92

103. 无法确定是按份共有还是共同共有,怎么办? /93

104. 按份共有人的份额无法确定怎么办? /93

105. 共有房屋因执行案件被部分查封的,其他共有人的权益怎么保护?
/93

106. 父母去世后,兄弟姐妹继承父母房屋是共同共有还是按份共有?
/93

【案例9-1】共有人优先购买权与承租人优先购买权冲突了,怎么办? /94

【案例9-2】案外人与被执行人之间的法律关系名为承包,实际上为共同共有的,案外人对共同共有的执行标的提出执行异议的,法院会支持吗? /96

【案例9-3】签订合同时,不知有其他共有人,可否主张合同撤销? /97

【案例9-4】商标共有人之一是否有权以普通许可的方式单独第三方使用商标? /100

【案例9-5】房屋仅登记在一人名下的,其他共有人是否可以主张房屋转让行为无效? /101

第十章 所有权取得的特别规定部分

107. 捡到的东西都属于遗失物吗? /103

108. 捡到遗失物后,在交还失主的过程中又丢了,怎么办? /103

109. 遗失物不易保管或者保管费过高怎么办? /104

110. 滴滴司机归还乘客遗失物时可以收费吗? /104

111. 以为是无主物,后发现是他人遗失物的,可以要求权利人支付保管、养护等费用吗? /104

112. 捡到遗失物拒不归还会受到刑事处罚吗? /105

113. 从他人处买来的物品被证明是第三人遗失物的,需要返还吗? /105

目 录

114. 从荒地里挖出来的金子应该归谁？/ 106
115. 帮他人找回悬赏公告中的遗失物的，是否可以要求对方按照悬赏公告支付赏金？/ 106
116. 遗失物如果没有人认领，最终会怎么处理？/ 106
117. 未对储藏间的转让做明确约定时，储藏间的所有权归谁所有？/ 106
118. 什么是孳息？孳息应该归谁所有？/ 107
   【案例10-1】房屋中隐藏物会随着房屋转让而转移所有权吗？/ 107
   【案例10-2】捡到遗失物后产生孳息的，孳息由谁所有？/ 108
   【案例10-3】明知房屋已经由他人占有使用却不做查明，并以明显低价成交的，是否能以善意取得主张房屋所有权？/ 109

第十一章　用益物权

第一节 用益物权的概念和范围确定 / 112

119. 什么是用益物权？/ 112
120. 国有和集体所有的自然资源范围包括什么，其用益物权的取得主体有哪些？/ 112
121. 可以无偿使用国家的自然资源吗？/ 113
122. 用益物权人如何行使权利？/ 113
123. 个人对土地和房屋享有的权利什么情况下会灭失？什么情况下会受到影响？可以获得哪些补偿？/ 114
124. 用益物权与担保物权的区别？/ 115
   【案例11-1】合同约定的房屋使用权受到侵害，能通过用益物权纠纷主张权利吗？/ 115
   【案例11-2】土地使用权被他人强行占有怎么办？/ 116
   【案例11-3】出现"一地两证"的情况怎么办？/ 118
   【案例11-4】土地转让合同无效，受让人可以主张自己享有土地承包经营权吗？/ 121

11

第二节 土地承包经营权的形成和权利行使 / 122

125. 土地承包经营权形成和行使的法律规定？/ 122
126. 土地承包经营权人享有的权利有哪些？/ 123
127. 土地承包期一般是多久？/ 123
128. 土地承包经营权怎样设立、确认？/ 123
129. 家庭承包的土地承包经营权怎样流转？/ 124
130. 土地经营权互换、转让事项如何进行登记？/ 125
131. 土地经营权的再流转如何进行？/ 125
132. 农村土地承包合同能否随意变更或解除？/ 126
133. 承包期内，发包方能否因承包方进城落户而收回承包地？/ 126
134. 承包期内，发包方在哪种情形下可以调整承包地？/ 126
135. 征收承包地的补偿如何处理？/ 127
136. 妇女结婚，原承包地在什么情况下不得收回？/ 127
137. 本集体经济组织以外的单位和个人能否承包本经济组织的土地？/ 128

【案例 11-5】农村土地承包权能不能作为遗产继承？/ 128
【案例 11-6】林地承包经营权能不能作为遗产继承？/ 130
【案例 11-7】承包人户籍农转非后，其享有的土地承包经营权怎么办？/ 132
【案例 11-8】土地承包经营权的流转有什么要求？/ 134
【案例 11-9】开荒地归开荒人所有，还是归村农民集体所有？/ 136

第三节 建设用地使用权的管理和权利行使 / 137

138. 什么叫作建设用地使用权？/ 137
139. 如何取得建设用地使用权？/ 137
140. 建设用地使用权合同的签订应包含哪些基本内容？/ 138
141. 建设用地使用权人建造的设施权属问题如何确定？/ 139
142. 建设用地使用权如何流转？变更登记的办理？/ 139
143. 建设用地使用权发生流转，其建筑物等设施是否发生一并流转的法律效力？/ 141

144. 建设用地使用权能否提前收回？应如何补偿？已缴纳的出让金是否退还？ /141

145. 建设用地使用权期间届满的如何处理？ /142

【案例11-10】国有土地使用权如何设立？ /143

【案例11-11】收回国有土地使用权如何赔偿？ /144

【案例11-12】建设用地使用权如何转让？ /145

【案例11-13】非建设用地使用权人能否基于合法建造取得案涉房屋所有权？ /147

第四节 宅基地使用权的取得和管理 /148

146. 宅基地使用权人享有的权利有哪些？ /148

147. 宅基地使用权的取得、行使和转让，法律规定是如何规定的？ /149

148. 宅基地因自然灾害等不可抗力灭失后，村民权益如何保障？ /150

149. 农民转让自有宅基地的行为是否构成犯罪？ /150

【案例11-14】能不能通过继承获得宅基地使用权？ /151

【案例11-15】宅基地上房屋被征收后又在集体土地上新建，政府是否还有宅基地安置职责？ /153

【案例11-16】宅基地使用权如何转让？ /155

【案例11-17】赠与宅基地上房屋需要注意什么？ /157

【案例11-18】私自转让自有宅基地是否构成非法转让土地使用权罪？ /158

第五节 居住权的概念和保护 /160

150. 什么是居住权？ /160

151. 居住权如何设立？ /161

152. 居住权与租赁权有什么区别？ /161

153. 关于居住权的限制有哪些？ /161

154. 遇到离婚、抚养以及孤寡老人养老问题时设立居住权有哪些好处？ /162

13

155. 居住权可能带来什么问题？/162

第六节 地役权的概念和保护 / 163

156. 什么是地役权？/163
157. 哪些情况可以适用地役权？/163
158. 地役权的设立形式如何确定？/164
159. 地役权的设立是否必须登记？地役权未经登记会受到哪些限制？/164
160. 地役权人所享有的权利和应承担的义务有哪些？/165
161. 地役权期限可否设立长期？/166
162. 承包经营权、宅基地使用权的设立与已存在的地役权的关系如何处理？/166
163. 在已设立用益物权的土地上能否设立地役权？/166
164. 地役权的转让是否可独立于需役地而单独转让？/167
165. 地役权能否单独抵押？/167
166. 供役地权利人在哪种情形下有权解除地役权合同？/168

【案例 11-19】地役权可以由谁主张？主张什么？/168
【案例 11-20】侵犯地役权能不能直接起诉拆除房屋？/170
【案例 11-21】在供役地的所有权或者使用权发生变更时，地役权是否继续存续？/171
【案例 11-22】未经登记的地役权可以不可以对抗善意第三人？/172

附录：相关法律法规 / 174

附录 A：中华人民共和国民法典（节录）/ 174
附录 B：最高人民法院关于审理房屋登记案件若干问题的规定 / 194
附录 C：城市房地产抵押管理办法（2021 修订）/ 198
附录 D：最高人民法院关于适用《中华人民共和国民法典》物权编的解释（一）/ 209

第一章 公民合法财物权益的原则问题

1 合法承包的土地被他人非法侵占怎么办?

合法承包的土地如果被他人非法占用了,属于合法的物权受到他人的侵犯,土地承包人可以通过直接要求或者向法院起诉要求对承包土地进行侵权的责任人排除妨碍,维护自己对承包土地的合法使用权。如果侵权责任人给土地承包人造成损失的,侵权自然人还应当承担土地承包人的经济损失。

2 因为有经济纠纷,未经车主同意,将其车辆开走抵债可以吗?

不可以。国家、集体、私人的物权和其他权利人的物权受法律保护,任何单位和个人不得侵犯。登记在一方名下的机动车属该人所有,以双方之间存在经济纠纷为由将该车开走用于折抵相应债务并没有法律依据,其行为侵犯了机动车辆所有方财产所有权。

③ 夫妻离婚时虽对房产分配做出明确约定，但未办理过户登记，房产的权属是否已经明确，是否受法律保护？

法律规定，不动产物权变动原则上以登记完成为生效要件。夫妻双方签订的离婚协议中对不动产归属的约定并不直接发生物权变动的效果，一方仅可基于债权请求权向对方主张履行房屋产权变更登记的契约义务。在不动产产权人未依法变更的情况下，离婚协议中关于不动产归属的约定不具有对抗外部第三人债权的法律效力。

④ 父母出资购买房屋，将其产权登记在子女名下，子女对房屋依《民法典》物权编行使物权，将损害父母生活的，法律会保护父母的权益吗？

父母出资购买房屋，将其产权登记在子女名下，具有赠与的性质，子女不仅应在物质上赡养父母，也应在精神上慰藉父母，努力让父母安宁、愉快地生活。子女对父母赠与的房屋依《民法典》物权编行使物权，将损害父母生活的，人民法院可依《民法典》总则第八条规定的，"民事主体从事民事活动，不得违反法律，不得违背公序良俗"的规定不予支持。

【案例 1-1】岳母因家庭矛盾损坏女婿汽车，需要赔偿吗？

◯ **案情介绍** 杨某某系许某某的岳母，杨某某因女儿薛某某（系许某某的妻子）与许某某之间发生家庭纠纷，于 2020 年 5 月 20 日 10 时许，在自家单元楼下，将许某某所有的车号为晋 XXXXX 号轿车的

第一章 公民合法财物权益的原则问题

前挡风玻璃用铁链锁砸毁。许某某到县公安局G派出所报案，经派出所委托、县价格认定中心鉴定，认定该车辆前挡风玻璃的损失价值为898元。2021年1月14日，县公安局G派出所做出了行政处罚决定，决定给予杨某某罚款200元的行政治安处罚。其后，许某某将杨某某起诉至人民法院，要求岳母杨某某赔偿其车辆挡风玻璃损失898元。请问人民法院会支持许某某的诉讼请求吗？

▶ **律师指引** 杨某某虽然是许某某的岳母，但是根据我国法律规定，私人的合法财物受法律保护，任何组织和个人不得侵犯。杨某某因女儿的家庭纠纷，没有采取合法合理的处理方式，而是动手损害许某某私人的合法财产，所以杨某某依法应当承担相应的民事赔偿责任。

▶ **法律应用** 《民法典》第二百零七条　国家、集体、私人的物权和其他权利人的物权受法律平等保护，任何组织或者个人不得侵犯。

第二百三十八条　侵害物权，造成权利人损害的，权利人可以依法请求损害赔偿，也可以依法请求承担其他民事责任。

【案例1-2】没有书面买卖合同，仅有微信记录，沙石交易产生欠款，权利人向法院起诉会得到支持吗？

▶ **案情介绍** 张某某为个体户，一直从事沙子、水泥、石料等建筑材料的售卖工作，唐某某从事装饰装修工程。唐某某因承揽的工程以及自己家庭需要，经人介绍后到张某某处购买沙、石、水泥材料，从2019年9月至2019年12月，唐某某先后多次与张某某发生交易，唐某某向张某某购买材料累计赊欠材料及运费达 57675 元，唐某某在 2020 年 3 月 19 日通过微信支付的方式向张某某仅支付货款 7675 元，尚欠张某某货款和运费 50000 元。在唐某某与张某某的交易过程中，张某某自行填写货单、收据后将货单、收据拍照发送给唐某某，由唐某某在微信中看到货单和收据照片后，在微信上进行了确认。唐某某未能按照约定向原告全额支付货款，虽然经张某某多次催收，但唐某某仍未能履行其支付义务，所以张某某决定向人民法院起诉。在没有书面合同仅有微信记录的情况下，张某某的主张会得到法院支持吗？

◎ **律师指引** 我国的自然人、法人和非法人组织，也就是《民法典》所称的民事主体的合法权益受法律保护，任何组织或者个人不得侵犯。民事主体从事民事活动，应当遵循诚信原则，秉持诚实，恪守承诺。张某某与唐某某约定由张某某向唐某某出售石料等建筑材料，唐某某向张某某支付价款。虽然双方未形成书面协议，但张某某按照约定将被告所需的石料进行了交付，而唐某某也对原告交付货物的行为、货物的价款在微信上进行了确认，故双方形成了合法、有效的买卖合同。但张某某将货物交付予唐某某后，唐某某却未能按照约定向张某某支付价款，该行为违反了双方约定，构成违约，侵犯了原告合法的财产权益。故对张某某要求唐某某支付欠付货款 50000 元的诉讼请求，人民法院会予以支持。

◎ **法律应用** 《民法典》第二百零五条 本编调整因物的归属和利用产生的民事关系。

第二百零七条　国家、集体、私人的物权和其他权利人的物权受法律平等保护,任何组织或者个人不得侵犯。

第四百六十九条　当事人订立合同,可以采用书面形式、口头形式或者其他形式。

书面形式是合同书、信件、电报、电传、传真等可以有形地表现所载内容的形式。

以电子数据交换、电子邮件等方式能够有形地表现所载内容,并可以随时调取查用的数据电文,视为书面形式。

第五百七十九条　当事人一方未支付价款、报酬、租金、利息,或者不履行其他金钱债务的,对方可以请求其支付。

【案例1-3】没有房屋所有权的丧偶老人没有其他房产,是否有权继续居住在原居住房屋内?

▶ **案情介绍**　高某的祖父(已去世)与祖母(1992年去世)生有一子一女。1993年12月30日,高某的祖父购房一处。2006年11月2日高某的祖父与张某菊登记结婚。2008年7月22日,高某的祖父立遗嘱并载明,将争议房产遗赠给孙子高某,并于同日在公证处进行公证,后该房屋出现产权纠纷。2013年8月6日,N市C区人民法院判决案涉房屋产权归高某所有。高某其后领取案涉房屋产权证。现张某菊仍居住在案涉房屋内,高某现提出让张某菊搬离该房屋的要求。张某菊及高某祖父生前邻居、好友均表示,高某的祖父生前曾提及其去世后房屋遗赠给高某,但张某菊享有居住权。张某菊无经济来源和其他住房,所以张某菊拒绝搬出房屋。高某起诉到法院要求张某菊搬离,法院会支持吗?

◉ **律师指引** 因高某的祖父生前曾在不同场合多次表示其虽将案涉房屋所有权赠予高某,但张某菊对案涉房屋享有居住权。高某质疑证人身份但未能举证证明。高某取得案涉房屋所有权系继受取得,非原始取得,故对张某菊享有居住权的现状应予尊重,其对物权的行使不得损害张某菊的合法权益。在张某菊无其他住房,又无固定生活来源且对案涉房屋享有合法居住权的情况下,高某要求张某菊立即迁出该房屋的诉请,有违公序良俗,我国《民法典》规定,违背公序良俗的民事法律行为无效。所以,法院最终对高某的请求不予支持。

◉ **法律适用** 《民法典》第一百五十三条 违反法律、行政法规的强制性规定的民事法律行为无效。但是,该强制性规定不导致该民事法律行为无效的除外。违背公序良俗的民事法律行为无效。

【案例1-4】同居男女一方为另一方的子女买房出资,该房屋属于共有财产吗?

◉ **案情介绍** 侯某与鲁某为母子关系,吕某与侯某原系男女朋友关系。2009年1月4日,鲁某与Y地产有限公司签订商品房预售合同,鲁某购买石景山区2301号房屋。支付首付款时,侯某使用北京农村商业银行卡支付购房款28万元,使用农业银行卡支付购房款9万元,使用民生银行卡支付购房款49800元。对上述付款,侯某主张系对鲁某购房的资助。吕某也在支付首付款时使用自己的银行卡支付19017元,侯某表示这是因银行卡金额不足,而吕某尚欠侯某大量款项,故使用吕某的银行卡进行了支付。预售合同签订后,鲁某与中信银行总行营

第一章　公民合法财物权益的原则问题

业部签订了个人贷款存贷宝业务协议书。鲁某使用银行贷款支付购房款 118 万元。2301 号房屋交纳契税、公共维修基金等费用，缴款人登记为鲁某，2301 号房屋登记在鲁某名下。Y 地产有限公司将 2301 号房屋交付鲁某后，鲁某书面委托吕某全权办理 2301 号房屋装修、出租的一切事宜。房屋出租一段时间后，便由吕某占有居住。2012 年 8 月 14 日，鲁某偿还全部银行按揭贷款 1121645.66 元。2017 年，鲁某和侯某共同将房屋出售。吕某认为，该房屋是他和侯某同居期间购买的，侯某和其本人也有出资，所以以该房屋其有共有权为由，向法院起诉要求分割 2301 号房屋售房款。吕某对于 2301 号房屋是否有共有权？鲁某和侯某出售房屋是否侵害了吕某的权益？吕某的主张是否会得到法院的支持呢？

▶ **律师指引**　本案的争议焦点是吕某、侯某与鲁某对 2301 号房屋是否形成共有关系。我国法律规定，不动产物权的设立、变更、转让和消灭，应当依照法律规定登记。不动产权属证书是权利人享有该不动产物权的证明。2301 号房屋登记在鲁某名下，而非登记在侯某名下，所以不能仅凭侯某、吕某为鲁某出资购房，就证明侯某、吕某与鲁某之间形成对 2301 号房屋的共有。在此情况下，吕某主张其与侯某、鲁某对 2301 号房屋系共有关系，但其没有证据证明其和侯某与鲁某达成共有 2301 号房屋的书面或者口头协议。所以，吕某认为他是 2301 号房屋的共有人之一没有依据，人民法院不会认定吕某是 2301 号房屋的产权共有人，也就不存在侯某、鲁某出售 2301 号房屋侵害其合法权益的情况，人民法院也不会支持吕某的主张和诉请。

➡ **法律适用** 《民法典》第二百零七条 国家、集体、私人的物权和其他权利人的物权受法律平等保护,任何组织或者个人不得侵犯。

第二百零八条 不动产物权的设立、变更、转让和消灭,应当依照法律规定登记。动产物权的设立和转让,应当依照法律规定交付。

第二章　物权的设立、变更、转让和消灭

第一节　不动产登记过程中发生的财物侵权问题

5 购房人购买了房屋但没有办理不动产权证书，房屋被法院因其他案件查封后可以申请法院解除查封吗？

　　首先房屋买卖双方签订的买卖房屋的合同关系是合法有效的，但是我国《民法典》规定，不动产物权的设立、变更、转让和消灭，经依法登记，发生效力；未经登记，不发生效力。购买人在购买房屋后没有及时办理不动产权证书，故在房屋未能进行所有权登记这一点上，自己是有过错的。未办理过户手续，房屋在登记上仍然属于不动产权证书上载明的产权人。若法院因其他案件查封了该房产，法院的行为不属于侵犯购房人的合法权益，即使购买人向执行法院提起案外人执行异议之诉，法院也会不予支持。

6 利害关系人认为不动产登记簿记载的事项错误，侵犯了自己的财产权时，应该怎么办？

经合法登记的不动产物权人在法律上推定为权利人，但这种效力只是法律上的推定，并非绝对的不可推翻。在相关当事人提出相反证据时，可以推翻这种推定，从而维护事实上的真正不动产物权权属。利害关系人在认为不动产登记簿记载的事项错误时可申请更正登记并通过向法院起诉的途径寻求法律救济。

7 在财产共有一方不知情的情况下，受让人在什么样的情况下才算是善意取得并受法律的保护？

出卖人未经共有人同意擅自处分共有财产，如果受让人受让该财产时是善意的，且支付了合理的对价，办理了财产的过户登记手续且在办理过户登记手续时也不知道该财产有其他共有人的事实，就应当依据善意取得制度的规定保护受让人的利益，认定合同有效，发生物权变动，这样取得的情况就属于善意取得。

8 在办理房屋所有权登记时提供的申请材料中有虚假材料，有什么后果？

当事人提供虚假材料申请登记，给他人造成损害的，应当承担赔偿责任；申请人应当对申请登记材料的真实性、合法性、有效性负责，不得隐瞒真实情况或者提供虚假材料申请房屋登记。申请材料中的结婚证系虚假的情况下，房屋所有权转移登记应予撤销。

9 利害关系人在认为不动产登记簿记载的事项错误时，通过法律途径寻求救济有时效的要求吗？

我国《民法典》对应利害关系人认为不动产登记簿记载的事项错误时通过法律途径寻求救济是有时效要求的。如果利害关系人在认为不动产登记簿记载的事项错误时可申请更正登记，并且要在申请更正登记之日起十五日内向人民法院起诉解决争议。

10 对于一房二卖合同履行问题，法院的处理原则是怎么样的？

法院处理一房二卖情况下的合同履行问题，会从商品房买卖合同的缔约真实性、签约时间顺序、付款程度、合同备案情况、讼争不动产的占有事实、预登记情况等方面加以评判。第一，缔约真实性。在一房二卖争产诉讼中，合同真实、有效是判断各自合同能否继续履行，后订立的合同能否对抗在先订立合同的前提。第二，签约时间顺序。第三，付款情况。买受人支付购房款的程度，能够反映其履行合同义务的状况，对于积极履行合同义务的买受人，理应得到更优保护。第四，合同备案及预告登记情况。第五，占有情况，看哪一方签约在先、占有在先、使用在先。第六，权利主张情况。在其他途径难以解决一房二卖不动产的归属及合同履行问题时，买受人应当积极通过司法途径寻求法律救济。

11 城市房屋买卖时做了预告登记，是否就证明买房人已经合法占有该房屋呢？

预告登记并不导致不动产物权的设立或变动，只是在法律上对预告登记权利人将来实现请求物权变动的权利赋予一定的保障性。《民法典》第二百二十一条明确规定，当事人签订买卖房屋的协议或者签订其他不动产物权的协议，为保障将来实现物权，按照约定可以向登记机构申请预告登记。预告登记后，未经预告登记的权利人同意，处分该不动产的，不发生物权效力。可见，房屋预告登记具有一定的包含作用，但最终还是需要通过对房屋进行不动产产权登记来确定房屋的所有权。所以，如果可以进行不动产登记的，一定在能够进行不动产登记之日起九十日内申请登记，否则，预告登记会失效。

12 抵押房产在房屋登记机构受理抵押登记申请后申请人尚未缴费期间被查封的，申请人能取得抵押权吗？

房屋登记机构受理抵押权登记申请后，经审查认为申请人提交的申请材料符合登记条件，并向申请人告知了缴费及领证时间和程序，但在申请人尚未履行缴费义务期间，抵押标的物被人民法院依法查封的，申请人不能取得抵押权。因为根据《民法典》第二百二十三条的规定，并参照《国家发展改革委、财政部关于不动产登记收费标准等有关问题的通知》第一条规定，不动产登记收费标准。县级以上不动产登记机构依法办理不动产权利登记时，根据不同情形，收取不动产登记费。故缴纳登记费是房屋登记申请人依法应当履行的义务，缴纳登记费并提交收据的行为亦是申请人的申请行为的延续。

第二章　物权的设立、变更、转让和消灭

第二节　动产交付中发生的财物侵权问题

13 机动车转让需要进行过户登记吗？

　　机动车转让的应当在机动车管理部门办理过户登记手续，《机动车登记规定》第十八条第一款规定："已注册登记的机动车所有权发生转移的，现机动车所有人应当自机动车交付之日起三十日内向登记地车辆管理所申请转移登记。"

第三节　其他规定

14 夫妻一方死亡且继承完毕后，健在一方享受已死亡配偶的工龄优惠，同时用个人财产购买的公有住房视为个人财产还是夫妻共同财产？

　　夫妻一方死亡后，如果其遗产已经继承完毕，健在一方用自己的积蓄购买的公有住房应视为个人财产，购买该房时所享受的已死亡配偶的工龄优惠只属于一种政策性补贴，而非财产或财产权益。所以，该房产应属于个人财产。

15 当事人是否能就已被合法拆除的房屋向人民法院起诉要求判决确定所有权人？

　　《民法典》第二百三十一条规定，因合法建造、拆除房屋等事实行

为设立或者消灭物权的,自事实行为成就时发生效力。所以,在房屋被拆除后认为被合法拆除的房屋属于自己,向法院起诉要求确认房屋所有人的,法院不会对此进行判决确认被拆除房屋的所有权人。

16 购买商品房做登记备案和做购买商品房预告登记,哪一个更有利于保护购买人的财物权利?

登记备案只适用于商品房预售合同,而预告登记有预购商品房预告登记、预购商品房抵押权预告登记、房屋所有权转移预告登记等。预告登记相对于预售合同登记备案更具有实用性,在其他条件相同的情况下,办理了预告登记的买受人较办理了商品房预售合同登记备案的买受人,享有更为充分的权利保障。

【案例2-1】借名买房,并不是只有好处,还有法律的风险。

▶ 案情介绍 李某某、苏某某夫妻名下已经拥有多处房产。李某某得知其好朋友吕某某没有购房,名下有首次购房资格,而首次购房有包括贷款在内的各种优惠。李某某认为这些优惠可以降低购房成本,对于投资房产是一种极大的利好,既然吕某某并不打算买房,那么,这些好处白白放在那里实在是可惜了。于是李某某和吕某某协商后签订协议,约定李某某借用吕某某首次购房资格购房,房屋订金、首期款由李某某单独出资,税费、月供、物管费等由李某某转账至吕某某账户代为扣划,所购的房屋在购房满五年后由吕某某无条件过户给李某某。后因吕某某涉民间借贷纠纷,李某某借用吕某某名义购买的房屋被法院查封。李某某以他是房屋实际的权属人为由,向人民法院提

第二章 物权的设立、变更、转让和消灭

出执行异议。李某某提出的执行异议人民法院会支持吗？

◉ **律师指引** 因李某某和其妻子已有其他房产，李某某为享受银行利率、税费优惠，约定使用吕某某首套房购房指标购房，李某某和吕某某签订的《协议》内容是双方真实意思表示，未违反法律强制性规定，属于有效合同，但是双方就房屋形成借名买房关系，并不发生房屋的物权变动。吕某某仍为房屋不动产登记所有权人，李某某自愿选择用吕某某的购房资格买房，不愿遵守不动产登记公示制度，在房屋依照协议约定过户登记至李某某名下之前，李某某理应预见并承担房屋实际出资人与公示登记权利人不一致的风险、责任及后果。李某某对案涉房屋所享有的权利，是基于他和吕某某的协议，而协议约定的吕某某自购买该房产五年后过户房产，该约定的性质属于法律上的合同债权，并非物权。因此，李某某请求确认案涉房屋为其所有，理据不足。人民法院不会予以支持。

◉ **法律适用** 《民法典》第二百零九条 不动产物权的设立、变更、转让和消灭，经依法登记，发生效力；未经登记，不发生效力，但是法律另有规定的除外。

依法属于国家所有的自然资源，所有权可以不登记。

【案例2-2】登记机构办理不动产登记负有审慎审查职责，否则登记无效。

◉ **案情介绍** 武某与朱某某系夫妻，二人在B市P区某街道购买商铺一处，2013年9月29日在B市P区房地产管理局办理预购商品

房预告登记。同日，朱某某就该商铺与某典当有限公司签订《抵押典当合同》，并于次日共同向P区房管局提交了房屋抵押权登记申请表、《抵押典当合同》等材料。P区房管局经审查认为申请材料齐全，于当日为其办理了预购商品房抵押权预告登记，颁发了房屋他项权证。在某典当公司诉武某、朱某某履行典当合同的民事案件中，经鉴定，《抵押典当合同》及《抵押房屋共有人承诺书》两份材料中"武某"处的手印及签名均非武某本人所留。原告武某以P区房管局为被告、某典当公司为第三人提起房屋登记行政诉讼，称在原告未到登记现场及未办理委托手续的情况下，被告办理预购商品房抵押权预告登记，侵犯了其合法权益，请求撤销该抵押权预告登记行为。法院会支持武某的请求吗？

● **律师指引** 根据《民法典》第二百一十二条、《城市房地产抵押管理办法》第三十三条的规定，房屋登记机关在进行房屋他项权利登记时，对申请人提交的相关材料负有审慎审查、审核的义务，而且《最高人民法院关于审理房屋登记案件若干问题的规定》第十二条规定，申请人提供虚假材料办理房屋登记，给原告造成损害，房屋登记机构未尽合理审慎职责的，应当根据其过错程度及其在损害发生中所起作用承担相应的赔偿责任。所以，登记机构办理不动产登记负有审慎审查职责，如有疑问还应进行必要的调查。房地产抵押登记是为了保护交易安全、维护交易秩序，经过登记的法定程序，起到如实登记的把关作用，而本案中P区房管局没有切实尽到审慎审查职责，违法进行了登记，是行政机关不严格依法行使职权的行政违法行为。P区房管局作为房屋登记机关，在办理房屋他项权利登记时，未严格按照规定对申请人朱某某及某典当公司的申请材料进行审慎审查，在房屋共有

第二章 物权的设立、变更、转让和消灭

人武某未到登记场所,且未委托他人代办相关事项的情况下,做出房屋他项权利登记,程序严重违法。因某典当公司向P区房管局提交的《抵押典当合同》中,房屋共有人"武某"处的签名及手印系伪造,故某典当公司在登记过程中存在过错,不具备善意取得的条件,其抵押权不应受到法律保护。据此,人民法院会支持武某的诉讼请求,依法撤销P区房管局做出的预购商品房抵押权预告登记。

▶ **法律适用** 《民法典》第二百一十二条 登记机构应当履行下列职责:

(一)查验申请人提供的权属证明和其他必要材料;

(二)就有关登记事项询问申请人;

(三)如实、及时登记有关事项;

(四)法律、行政法规规定的其他职责。

申请登记的不动产的有关情况需要进一步证明的,登记机构可以要求申请人补充材料,必要时可以实地查看。

《最高人民法院关于审理房屋登记案件若干问题的规定》

第十二条 申请人提供虚假材料办理房屋登记,给原告造成损害,房屋登记机构未尽合理审慎职责的,应当根据其过错程度及其在损害发生中所起作用承担相应的赔偿责任。

《城市房地产抵押管理办法》

第三十三条 登记机关应当对申请人的申请进行审核。凡权属清楚、证明材料齐全的,应当在受理登记之日起7日内决定是否予以登记,对不予登记的,应当书面通知申请人。

【案例 2-3】抵押人和抵押权人共赴登记机关办理房产抵押登记，但登记机关未记载于不动产登记簿的，应当认定抵押权未设立。

● 案情介绍　黄某向吴某提出借款 200 万元。在借款合同签订之前，双方就借款的担保方式进行了协商约定：为确保借款偿还，将黄某所有的案涉房产以签订买卖合同的方式作为抵押后，吴某再向黄某借款。2017 年 1 月 12 日，吴某与黄某签订了房屋买卖协议，约定将案涉房产出售给吴某。同日，双方共同到 M 县公证处对该买卖协议进行了公证，M 县公证处于同日出具了公证书。同日，双方共同到 M 县不动产登记事务中心就案涉房产申请抵押登记。该中心经审核后，在《商铺登记表》上记载"黄某 12-115-A-（9-10）抵吴某"，进行了抵押登记。2017 年 1 月 13 日，吴某与黄某签订借款合同，由吴某向黄某借款 200 万元，黄某于当日收到该笔借款。后吴某向 M 县人民法院提起诉讼，要求黄某偿还借款。该纠纷经 M 县人民法院主持调解结案。M 县人民法院于 2017 年 6 月 28 日做出调解书，该调解书确定：黄某于 2017 年 8 月 31 日前向吴某偿还借款本金 200 万元并按月利率 2% 承担自 2017 年 4 月 12 日起至还款之日止的利息。2017 年 5 月 17 日，该院在执行申请执行人广盛公司与被执行人黄某商品房销售合同纠纷一案中，对案涉房产予以查封。后吴某提出案外人异议。2017 年 10 月 27 日和 2017 年 11 月 23 日 M 县不动产登记事务中心出具证明，该证明载明案涉房产已在该中心办理了抵押登记备案。最终人民法院会支持吴某的请求吗？

● 律师指引　《民法典》第二百一十四条　不动产物权的设立、变更、转让和消灭，依照法律规定应当登记的，自记载于不动产登记簿

第二章 物权的设立、变更、转让和消灭

时发生效力。《不动产登记暂行条例》第九条规定:"不动产登记簿应当采用电子介质,暂不具备条件的,可以采用纸质介质。不动产登记机构应当明确不动产登记簿唯一、合法的介质形式。不动产登记簿采用电子介质的,应当定期进行异地备份,并具有唯一、确定的纸质转化形式。"由此可知,《商铺登记表》不是 M 县不动产登记事务中心的不动产登记簿,在形式和内容上均不符合规定,不是合法有效的登记介质,M 县不动产登记事务中心工作人员在该表上书写的内容不能认定为在不动产登记簿上登记了抵押权。M 县不动产登记事务中心出具了证明,证明所记载的"房产证存根台账"、"抵押登记备案"无论是登记媒介还是登记内容均不符合抵押登记的法定要求,不能作为认定抵押登记有效的依据。虽然吴某与黄某有共同赴 M 县不动产登记事务中心办理抵押登记的行为,但该登记机关并未完成合法有效的抵押登记,本案没有证据证明在案涉房屋的不动产登记簿上记载了吴某的抵押权。所以吴某就案涉房产的抵押权未设立。人民法院最终判决没有支持吴某的请求。

➡ **法律适用** 《民法典》第二百一十四条 不动产物权的设立、变更、转让和消灭,依照法律规定应当登记的,自记载于不动产登记簿时发生效力。

第二百一十六条 不动产登记簿是物权归属和内容的根据。

不动产登记簿由登记机构管理。

《不动产登记暂行条例》第九条 不动产登记簿应当采用电子介质,暂不具备条件的,可以采用纸质介质。不动产登记机构应当明确不动产登记簿唯一、合法的介质形式。

不动产登记簿采用电子介质的,应当定期进行异地备份,并具有

唯一、确定的纸质转化形式。

【案例2-4】夫妻共同房产仅登记在一方名下，房产有登记人抵押担保，抵押权人是否属于善意？抵押权人是否侵犯了夫妻共同财产？

◐ **案情介绍** 2013年1月14日，张某某与时任J公司董事长、法定代表人的谢某某签订《借款协议书》，约定由张某某向谢某某提供1920万元借款。施某作为借款的保证人，以其名下土地和房屋（为夫妻共同财产，但仅登记在施某名下）作为抵押担保，并办理了抵押登记。J公司作为本次借款的连带责任担保人由法定代表人谢某某签字并盖章。张某某与施某并不熟识。借款到期后，谢某某并未如约归还借款亦未支付利息，张某某多次追索均未果，故诉至赣州中院，要求谢某某、J公司、施某连带还本付息，并对抵押物享有优先受偿权。施某提出反诉，请求撤销施某2013年1月14日为谢某某向张某某借款本金1920万元设定的房屋和土地抵押担保。赣州中院一审判决谢某某、J公司、施某连带还本付息，但驳回了张某某主张对抵押物享有优先受偿权的诉请。张某某不服，上诉至江西高院，江西高院二审改判支持张某某对抵押物享有优先受偿权。施某不服，向最高人民法院申请再审，最高人民法院会如何认定呢？

◐ **律师指引** 我国法律支持抵押权可以善意取得。根据已查明的事实，案涉抵押的土地和房屋属于夫妻共同财产，施某在签订抵押合同及办理抵押登记时，均未取得其妻子的同意。但上述房屋及土地仅登记在施某个人名下，不动产登记簿上并无其妻子作为共有人的记载。

第二章　物权的设立、变更、转让和消灭

根据《民法典》第三百一十一条的规定，作为担保物权的抵押权，可参照适用善意取得制度。因此，江西高院认为："房产管理局登记权利人仅为施某，张某某可根据物权登记公示原则，信赖施某对该房屋具有完全处分权，除非有证据证明张某某事先明知登记错误，房产管理局为张某某办理了他项权利证书，张某某善意取得本案抵押房产的抵押权。"最高法院在再审本案时也认为："抵押权属于担保物权，属于《民法典》三百一十一条第三款规定的'其他物权'范围。因此，二审法院适用该条认定张某某根据物权登记公示原则，信赖施某对案涉抵押房产具有完全处分权，适用法律并无不当。"故张某某通过善意取得的方式取得了案涉抵押物的抵押权，施某因此败诉。

⬤ **法律适用**　《民法典》第二百三十四条　因物权的归属、内容发生争议的，利害关系人可以请求确认权利。

第二百二十条　权利人、利害关系人认为不动产登记簿记载的事项错误的，可以申请更正登记。不动产登记簿记载的权利人书面同意更正或者有证据证明登记确有错误的，登记机构应当予以更正。

不动产登记簿记载的权利人不同意更正的，利害关系人可以申请异议登记。登记机构予以异议登记，申请人自异议登记之日起十五日内不提起诉讼的，异议登记失效。异议登记不当，造成权利人损害的，权利人可以向申请人请求损害赔偿。

第三百一十一条　无处分权人将不动产或者动产转让给受让人的，所有权人有权追回；除法律另有规定外，符合下列情形的，受让人取得该不动产或者动产的所有权：

（一）受让人受让该不动产或者动产时是善意；

（二）以合理的价格转让；

（三）转让的不动产或者动产依照法律规定应当登记的已经登记，不需要登记的已经交付给受让人。

受让人依据前款规定取得不动产或者动产的所有权的，原所有权人有权向无处分权人请求损害赔偿。

当事人善意取得其他物权的，参照适用前两款规定。

【案例2-5】房屋登记为共有，一方提出主张房屋应归自己所有，这样的要求合法吗？

◉ 案情介绍 李某柏与李某目系兄弟。2003年李某柏、李某目均未成家，二人作为乙方与甲方南京X公司签订《〈某广场〉商品房买卖契约》一份，合同约定，乙方向甲方购买某广场B幢2230室（实际为20层）房屋，房款合计372698元。其后，李某目与Z银行某分行、南京X公司签订《楼宇按揭（抵押）贷款合同》一份，由李某目向Z银行某分行借款260000元，南京X公司为其提供担保，借款用途为购买某广场B幢2230室房产。某广场B幢2230室房产完成产权登记，房屋所有权人为李某柏、李某目。后两兄弟发生家庭矛盾，李某柏主张房屋所有权应归其一人所有，李某目仅为"代持"。其后，李某柏向人民法院起诉，要求法院确认某广场B幢2230室房产归其一人所有，要求李某目将案涉房屋过户至其一人名下，人民法院会支持李某柏的诉请吗？

◉ 律师指引 李某柏与李某目系兄弟。《民法典》第二百一十七条规定，不动产权属证书是权利人享有该不动产物权的证明。不动产权属证书记载的事项，应当与不动产登记簿一致；记载不一致的，除有

第二章　物权的设立、变更、转让和消灭

证据证明不动产登记簿确有错误外，以不动产登记簿为准。本案中，2003年李某柏、李某目二人共同作为买受人与南京X公司签订案涉房屋买卖合同。后以李某目一人名义办理按揭贷款。案涉房屋也已登记在李某柏、李某目二人名下，可以认定李某柏、李某目具有共同购买案涉房屋的合意，案涉房屋应属于共同共有。所以，人民法院最终驳回了李某柏诉讼请求。

▶ **法律适用**　《民法典》第二百一十七条　不动产权属证书是权利人享有该不动产物权的证明。不动产权属证书记载的事项，应当与不动产登记簿一致；记载不一致的，除有证据证明不动产登记簿确有错误外，以不动产登记簿为准。

【**案例2-6**】在小客车车辆限牌的情况下，当事人为了规避地方行政部门的管理规范借名买车，人民法院是否可以对登记人名下的车辆执行？

▶ **案情介绍**　张某某通过S公司购买二手奥迪车一辆，由于张某某没有北京市小客车购车指标，无法给车辆上牌，所以张某某与S公司法定代表人杨某签订了《车辆指标租赁协议书》，由杨某将其从安某处租赁属于安某的北京市小客车购车指标转租给张某某，张某某随后用安某的指标办理了车牌。其后北京市某区人民法院受理李某某诉胡某某民间借贷纠纷一案，做出（2015）门民（商）初字第504号民事判决书，判决胡某某于判决生效之日起10日内偿还李某某欠款10万元、逾期付款违约金及律师费。因胡某某未履行上述生效法律文书确定的义务，李某某向该院申请强制执行。执行中，该院向北京市公安

局车辆管理所送达（2015）门执字第1748号执行裁定书及协助执行通知书，查封了登记在胡某某亡夫安某（2014年10月去世）名下的案涉车辆，查封期限为2年，自2015年12月9日至2017年12月8日。案外人张某某得知后，认为该车辆系其所有的车辆，向法院提出书面异议。请问人民法院会支持张某某的异议请求吗？

◎ **律师指引** 《民法典》第二百二十五条规定，船舶、航空器和机动车等的物权的设立、变更、转让和消灭，未经登记，不得对抗善意第三人。人民法院在执行案件中，依法对登记在安某名下的车辆进行查封，相关义务单位对车辆登记状况进行核实后，协助法院对车辆进行查封，符合法律法规的规定。张某某明知自己现阶段在北京地区不具备购买车辆的资质，即使购买车辆也不能办理相关车辆登记手续，仍以合同形式，与杨某达成车辆指标租赁协议，明显违反机动车登记办法，规避北京地区现阶段行政规定。故张某某请求法院确认其为案涉车辆所有权人，返还车辆，并停止执行的诉讼法院没有支持。

◎ **法律适用** 《民法典》第二百二十五条 船舶、航空器和机动车等的物权的设立、变更、转让和消灭，未经登记，不得对抗善意第三人。

《中华人民共和国道路交通安全法》第九条申请机动车登记，应当提交以下证明、凭证：

（一）机动车所有人的身份证明；

（二）机动车来历证明；

（三）机动车整车出厂合格证明或者进口机动车进口凭证；

（四）车辆购置税的完税证明或者免税凭证；

第二章 物权的设立、变更、转让和消灭

（五）法律、行政法规规定应当在机动车登记时提交的其他证明、凭证。

公安机关交通管理部门应当自受理申请之日起五个工作日内完成机动车登记审查工作，对符合前款规定条件的，应当发放机动车登记证书、号牌和行驶证；对不符合前款规定条件的，应当向申请人说明不予登记的理由。

公安机关交通管理部门以外的任何单位或者个人不得发放机动车号牌或者要求机动车悬挂其他号牌，本法另有规定的除外。

机动车登记证书、号牌、行驶证的式样由国务院公安部门规定并监制。

【案例2-7】经抵押权人同意，抵押人将抵押物转让并将转让款用于偿还抵押权人借款的，抵押权人将抵押物丢失的，抵押物的权利人可以要求原抵押权人承担赔偿责任吗？

◉ 案情介绍　Q公司、R公司与P银行大连分行签订借款合同并用一批钢材向银行进行质押担保，后J公司与Q公司、R公司签订协议书，约定由J公司代Q公司、R公司偿还对P银行的欠款，Q公司、R公司在P银行处质押的钢材所有权及提货权归J公司所有。协议签订后，J公司向Q公司、R公司的账户上支付了相应款项，偿还了对P银行的欠款。但当J公司向P银行要求将钢材直接交付时发现，因保管不善钢材丢失，J公司依法向人民法院就钢材损失向人民法院提起诉讼，要求P银行和保管单位中国外运L储运公司，承担赔偿责任。

◉ 律师指引　首先，J公司取得案涉钢材所有权和提货权是合法

有据的,J公司与Q公司、R公司就代偿债务及转让案涉钢材所有权、提货权达成的合意,签订了协议并已经实际履行。根据《民法典》第二百二十七条规定:"动产物权设立和转让前,第三人占有该动产的,负有交付义务的人可以通过转让请求第三人返还原物的权利代替交付。"所以,J公司依据动产质押所产生的物上请求权为基础,有权利要求P银行和中国外运L储运公司向其返还质押的钢材。

◎ 法律适用 《民法典》第二百二十七条 动产物权设立和转让前,第三人占有该动产的,负有交付义务的人可以通过转让请求第三人返还原物的权利代替交付。

【案例2-8】房屋自拆除之日起物权已经消灭,人民法院会就已消灭之物判决确定所有权人吗?

◎ 案情介绍 杨某1、杨某2系兄弟关系。双方争议的房屋系1978年左右以杨某1为主的大家庭在祖遗的正房左侧院坝上所建。杨某1在该房居住使用了三年左右。1981年,杨某1搬出该房租住集体公房后,该房一直由杨某2与父母共同居住。1985年12月经某区法院民事判决书判决了三间瓦房(后为杨某1所分得)归双方之父所有。1987年、1988年双方的父母相继去世,杨某1、杨某2和大哥杨某3分别居住在老房和三间瓦房,双方争议的房屋也一直由杨某2居住使用至房屋拆迁前。由于A经济技术开发区西航路延伸段建设需要拆除老房和争议房屋。在拆迁补偿和安置过程中,杨某2对该房的权属提出异议。A经济技术开发区棚户区改造办公室、A经济技术开发区Y镇人民政府与杨某2达成《西航路延伸段建设项目建设房屋征收安置补偿协议书》。后对杨某2做出了拆迁补偿,双方争议的房屋已于起诉前全部拆迁完毕。杨某1诉至法院,提出请求人民法院依法判决明确争议的房屋归杨某1所有。

⊙ 律师指引 《民法典》第二百三十一条"因合法建造、拆除房屋等事实行为设立或者消灭物权的,自事实行为成就时发生效力。"案涉房屋自拆除之日起所有权已消灭,人民法院已不能就案涉房屋再明确所有权。杨某1可待证据确实充分后,另行起诉主张分割拆迁房屋的补偿款等等价物,但本案中杨某1主张享有拆迁房屋的所有权则于法无据。

⊙ 法律适用 《民法典》第二百三十一条 因合法建造、拆除房屋等事实行为设立或者消灭物权的,自事实行为成就时发生效力。

第三章　财物权的保护

17 因物权的归属、内容发生争议的，有哪些解决途径？利害关系人需要如何解决？

依照《民法典》第二百三十四条，因物权的归属、内容发生争议的，利害关系人可以请求确认权利。依现行法律、行政法规，可以直接向人民法院、行政机关或者仲裁机构等请求确认物权。所以，利害关系人可以向法院就物权归属和内容等争议提起诉讼。

18 物业所有人将物业转让时，除去专有部分的产权外，共有部分的产权也一并被转让吗？

业主的建筑物区分所有权是关于专有部分的专有权、共有部分的共有权以及因共有关系而产生的管理权（成员权）三者的结合，其中，专有权是最基本的权利内容，是三个权利中的主导性权利。共有部分具有从属性和不可分割性。权利人转让其区分所有权时，专有权、共有权、共同管理权必定是同时转让的，专有部分转让的效力及于共有部分。

19 在合理范围内装修未造成实际损害的情况下，邻居阻挠装修进行并要求赔偿损失的，人民法院会支持吗？

房屋所有权人有权对房屋进行装修。对房屋进行装修，势必对邻里生活造成影响，理应预先告知邻里，取得邻里谅解，尤其在进行规模拆改结构的装修时，更应主动与邻居沟通，打消邻居的顾虑。而房屋所有人不告知邻里的装修行为，不符合人情事理，造成邻居的顾虑和困扰，亦在所难免。邻居亦应理性看待相邻房屋的合理使用，建立和谐的邻里关系。在装修未造成实际损害的情况下，邻居阻挠装修进行并要求赔偿损失的，人民法院不予支持。

20 相邻关系建筑物在日照、采光和通风方面形成的妨碍超出必要的容忍限度时，可支持排除妨碍和损害赔偿吗？

基于相邻关系制度的固有功能，相邻建筑物的所有人或利用人之间必须负有一定程度的容忍义务。只有在日照、采光和通风妨碍超出必要的容忍限度，受害人主张的排除妨碍和损害赔偿才能够得到支持。如果妨碍日照、采光和通风的行为超出一般人的容忍限度，则构成妨碍行为；如果行为没有超出社会一般人的容忍限度，则不构成妨碍行为。有关采光和日照的妨碍行为的司法判断，是以国家有关工程建设标准的规定为基本的判断标准。因此，建造建筑物的国家有关工程建设标准应当视为社会一般人的容忍限度。

21 基于生效法律文书发生的物权变动，必须经过登记、交付才能生效吗？

作为物权公示生效原则的例外，基于生效法律文书发生的物权变动，不以登记、交付为生效要件，法律文书一经生效，即发生物权效力。基于生效法律文书享有不动产物权的权利人所进行的物权处分行为虽因未依法办理宣示登记而不发生物权效力，但其获得相应物权保护的权利并不因此而受影响。

22 患者去世后，患者的家属对患者的人体医疗废物享有支配权吗？

人体医疗废物的法律属性是物，其所有权归原来的身体权人即患者所享有，若患者去世，则尸体包括从尸体上分离出来的脏器、血液、毛发乃至尸体火化后的骨灰，均成为患者家属合法继承的物，由患者家属享有支配权。

23 车主如果能够证明车辆贬损价值是由交通事故直接造成的，可以要求肇事者对其予以赔偿吗？

受害人的车辆在购买和使用时间很短的情况下，如果由于本次交通事故受到严重损害，车前梁、安全气囊等已受损，事故对车辆造成了内在的结构性损伤，即使该车已经得到全面修理，但已不能完全恢复到原来车辆的性能、规格、安全性等要求。车辆贬值损失作为车主的实际损失，是交通事故直接造成的，肇事者应当对其予以赔偿。确定车辆贬值费损失的具体数额，主要考虑车辆的受损部位、受损程度、维修费用、使用年限、车况、安全性等因素。

24 权利人的物权被侵犯，侵权人因同一行为还承担刑事责任的，权利人能要求侵权人承担对物权侵权的民事责任吗？

根据我国法律规定，侵权人因同一行为应当承担刑事责任的，不影响其依法承担侵权民事责任；而且因同一行为应当承担侵权民事责任和刑事责任，侵权人的财产不足以支付的，先承担侵权民事责任。

25 劳动者因与用人单位发生的劳动报酬等劳动争议纠纷，对占有的单位财产，劳动者能行使留置权吗？

劳动者以用人单位拖欠劳动报酬等为由，对用人单位供其使用的工具、物品等动产行使留置权，由于此类动产不是劳动关系的标的物，与劳动债权不属于同一法律关系，因此，劳动者无权行使留置权，应将单位财产予以返还。

【案例3-1】小区业主如何对小区被开发商占用的物业用房主张权利？

▶ 案情介绍　Z公司是X花园小区的房地产开发企业。在小区建成交付使用时，Z公司仅提供两间车库供物业公司管理使用。业主后来得知，X花园小区8号楼东侧168平方米的房屋是规划的小区物业管理用房。但Z公司私自将该房屋出租给他人作为幼儿园进行经营。

于是小区业主向Z公司提出向全体业主归还小区的物业管理用房的要求，但Z公司并未将物业管理用房收回交小区物业使用。小区的业主可以通过起诉获得物业用房吗？

⊙ **律师指引** 因为，小区物业管理用房属于全体业主所有，Z公司没有权利在未经全体小区业主同意的情况下，擅自用车库替代经政府规划确认的小区物管用房，所以，小区的业主依据《民法典》第二百三十四条规定，因物权的归属、内容发生争议的，利害关系人可以请求确认权利。故小区业主的起诉会得到人民法院的支持。

⊙ **法律适用** 《民法典》第二百三十四条 因物权的归属、内容发生争议的，利害关系人可以请求确认权利。

【案例3-2】公司证照被侵占，如何要求返还？

⊙ **案情介绍** B公司的股东为于某某与青岛Z公司，于某某持股24%，青岛Z公司持股76%，由青岛Z公司掌控着B公司的全部各类印章、营业执照等，后B公司的股权结构变为于某某持股75%，青岛Z公司持股25%，公司也召开股东会将法定代表人变更为田某某，青岛Z公司未在公司股东会召开并做出决议之日起六十天内向法院申请撤销B公司的股东会决议，B公司要求青岛Z公司返还其掌控的全部公司各类印章、营业执照等资料，但青岛Z公司拒不返还，于是B公司法定代表人田某某代表B公司起诉要求青岛Z公司返还公司的全部各类印章、营业执照等资料。

第三章 财物权的保护

◉ **律师指引** 首先，根据《公司法》第二十二条规定，认为公司的股东会内容违法或违反公司章程的，股东可以自决议作出之日起六十日内，请求人民法院撤销。我们应确认本案中，B 公司的股东会召开及法定代表人变更是合法的；其次，公司的法定代表人依法代表公司行使职权，所以，B 公司的法定代表人有权代表公司进行诉讼活动；再次，根据《民法典》第二百三十五条规定，无权占有不动产或者动产的，权利人可以请求返还原物。本案所涉争议为公司证照返还纠纷，公司营业执照、印章等证照为法人履行职责、行使职权、维护公司正常运营所需，B 公司当然拥有上述证照的所有权。

◉ **法律适用** 《公司法》第二十二条第二款 股东会或者股东大会、董事会的会议召集程序、表决方式违反法律、行政法规或者公司章程，或者决议内容违反公司章程的，股东可以自决议作出之日起六十日内，请求人民法院撤销。

《民法典》第二百三十五条 无权占有不动产或者动产的，权利人可以请求返还原物。

【案例 3-3】相邻关系下的通风、采光等权益受到损害的可以要求赔偿吗？

◉ **案情介绍** 高某某系北京市 C 区 22 号楼 08 号房屋所有权人，郭某某系北京市 C 区 23 号楼 03 号房屋所有权人，高某某的房屋与郭某某的房屋南北隔路相邻。2009 年年末，郭某某开始在其自家房屋二层北侧露台搭建砖混结构建筑物。在搭建过程中，高某某认为郭某某搭建的建筑影响了自己房屋的采光，双方就该房屋搭建一事产生纠纷。

因此，高某某向人民法院提起诉讼，要求郭某某拆除其加盖的建筑物。那么法院会如何判决呢？

◆ **律师指引**　本案中高某某与郭某某是邻里关系，不动产的相邻权利人应当按照有利生产、方便生活、团结互助、公平合理的原则，正确处理相邻关系。本案中，郭某某在自家房屋上加盖建筑，的确对高某某家房屋的日照产生一定影响，但该房屋日照现状仍符合《城市居住区规划设计规范》（GB50180）的具体规定，故对于高某某要求郭某某拆除所建建筑的诉讼请求，于法无据，法院不会予以支持。如高某某认为郭某某加盖行为系违章建设，可向相关行政部门反映，以求解决，但此问题的处理并不在法院民事案件受理范围内。

◆ **法律适用**　《民法典》第二百九十三条　建造建筑物，不得违反国家有关工程建设标准，不得妨碍相邻建筑物的通风、采光和日照。

第二百三十八条　侵害物权，造成权利人损害的，权利人可以依法请求损害赔偿，也可以依法请求承担其他民事责任。

《中华人民共和国行政强制法》第四十四条　对违法的建筑物、构筑物、设施等需要强制拆除的，应当由行政机关予以公告，限期当事人自行拆除。当事人在法定期限内不申请行政复议或者提起行政诉讼，又不拆除的，行政机关可以依法强制拆除。

第四章 占有问题

26 定作人要求承揽人返还剩余物料受法律诉讼时效的限制吗?

定作人向承揽人提供待加工原材料的,原材料的所有权归定作人所有。承揽合同结束后,定作人要求承揽人返还剩余的原材料,是对原材料主张物权请求权。此外,当原材料灭失无法返还时,为周延保护物权人的利益,可以采取债权的保护方法,即定作人的物权请求权转化为物权损害赔偿请求权,但定作人应在知道或应当知道原物灭失起3年内,向承揽人主张赔偿损失。

27 财物占有人的财物被占有超过一年向法院起诉,法院会支持占有人的主张吗?

根据《民法典》第四百六十二条规定,占有人返还原物的请求权,自侵占发生之日起一年内未行使的,该请求权消灭。这个请求期间,在法律上属于除斥期间,除斥期间指法律规定的某种民事权利有效存续的期间。其不同于诉讼时效的特征:(1)它是权利人依法可行使权利的期限,其本质是权利的存续期;(2)它是法律规定的不变期间,一般不发生期间中断、中止或延长问题;(3)其适用直接凭借法院职权,不取决于当事人诉讼主张;(4)其期间原则上自权利确立之日起算;(5)它所消灭的是实体权利(非胜诉权)且仅限于形成权,如追认权、撤销权、解除权等。

【案例 4-1】加工承揽合同的加工人将剩余物料占有,承担保管责任吗?

● **案情介绍** S 公司与 K 公司签订了改性沥青加工合同,约定 S 公司提供基质沥青暂定 2000 吨,K 公司加工成改性沥青,加工单价 1250 元/吨。交货地点:L 石化。运输方式:汽车运输(自提)。合同签订后,K 公司收到 S 公司基质沥青 1930.2 吨,K 公司为 S 公司加工改性沥青 1489.84 吨。经 K 公司确认,K 公司尚存有 S 公司基质沥青 440.36 吨。后 S 公司向 K 公司发函,要求其返还剩余的基质沥青 440.36 吨,但得知存放在 K 公司的剩余基质沥青已经没有了,于是 S 公司起诉到人民法院,要求 K 公司归还基质沥青 440.36 吨或支付沥青款。S 公司起诉到法院法院会支持 S 公司吗?

● **律师指引** 首先,S 公司与 K 公司签订委托加工合同后,K 公司对基质沥青是基于合同关系下的占有,S 公司对于委托加工的物料是有所有权的,而加工完成后剩余的基质沥青 K 公司应当返还 S 公司

第四章 占有问题

的,如果在K公司灭失了,则应当根据《民法典》第四百五十八条和第四百六十一条规定,占有的不动产或者动产毁损、灭失,该不动产或者动产的权利人请求赔偿的,占有人应当将因毁损、灭失取得的保险金、赔偿金或者补偿金等返还给权利人,所以K公司已经无法返还S公司的物料的,就应当承担赔偿责任,支付赔偿金。

➡ 法律应用 《民法典》第四百五十八条 基于合同关系等产生的占有,有关不动产或者动产的使用、收益、违约责任等,按照合同约定;合同没有约定或者约定不明确的,依照有关法律规定。

第四百六十一条 占有的不动产或者动产毁损、灭失,该不动产或者动产的权利人请求赔偿的,占有人应当将因毁损、灭失取得的保险金、赔偿金或者补偿金等返还给权利人;权利人的损害未得到足够弥补的,恶意占有人还应当赔偿损失。

【案例4-2】拾得他人丢失的手机不予归还,承担责任吗?

➡ 案情介绍 陈某在Y区某自助取款机处转账,将新买的手机遗忘在此处,20分钟后回来找手机已不在,打电话已经关机。后陈某报警,Y区B派出所出警,经四个月,派出所民警找到张某某,张某某以丢失为由拒不归还。派出所多次找张某某协商此事,张某某均以丢失为由拒不归还。为此陈某向人民法院起诉,张某某以丢失为由,是否就不用承担责任呢?

➡ 律师指引 张某某在拾得他人手机后没有通知失主,也未将失物移交公安机关,即使张某某真的将拾得的手机丢失,也是张某某没有尽到善良管理人之注意义务,即对案涉手机之丢失存在过错,其对于物的毁损、灭失应承担过错责任。《民法典》第四百五十九条规定,占有人因使用占有的不动产或动产,致使该不动产或动产受到损害的,恶意占有人应承担赔偿责任。

⊙ **法律应用** 《民法典》第四百五十九条 占有人因使用占有的不动产或者动产,致使该不动产或者动产受到损害的,恶意占有人应当承担赔偿责任。

【案例4-3】误将别人家的羊当成自家的羊饲养,返还时可以要求对方承担饲养的费用吗?

⊙ **案情介绍** 甲自家怀崽的绵羊丢失,后来在本村另一端找到了,就牵回来饲养,该羊生下了两只羊崽。几天后,邻村的乙找到甲家并证明该羊是其走丢的绵羊。乙有权要求返还绵羊和羊崽吗?如果甲同意返还绵羊和羊崽,可以要求乙支付其因饲养绵羊和羊崽产生的相关费用吗?

⊙ **律师指引** 因为甲是误将乙的绵羊当成自家丢失的绵羊,所以甲并非恶意占有乙的绵羊,绵羊生下的小羊属于乙财产的孳息,甲也不能占为己有。依据《民法典》第四百六十条规定,不动产或者动产被占有人占有的,权利人可以请求返还原物及其孳息,但应当支付善意占有人因维护该不动产或者动产支出的必要费用。所以,乙有权要求甲返还绵羊和羊崽,甲也可要求乙承担饲养绵羊和生下的小羊的相关费用。

第四章 占有问题

◉ **法律适用** 《民法典》第四百六十条 不动产或者动产被占有人占有的，权利人可以请求返还原物及其孳息，但是，应当支付善意占有人因维护该不动产或者动产支出的必要费用。

【案例4-4】收不到租金，业主有权把出租物业的门锁住吗？

◉ **案情介绍** 丁某与某电脑公司签订了一份房屋租赁合同，约定该公司承租丁某所有的一楼楼梯间和二楼全部房屋，租期3年，年租金6600元，电脑公司应于每年3月10日前交清下一年租金，否则丁某有权重新安排对外出租。合同签订后，电脑公司交纳了第一年度房租，到了第二年度，电脑公司因经济困难要求迟延和分批给付租金，但丁某未同意。在几次索要租金未果后，丁某的表哥于某为了帮助丁某索要租金，将电脑公司承租的房屋一楼楼梯间大门锁住，致使电脑公司无法经营。在几次交涉无效后，电脑公司将丁某诉至法院，法院会支持电脑公司的诉请吗？

◉ **律师指引** 占有的保护是针对占有损害的保护。对占有的保护就是对社会安宁和稳定的保护，也是占有诸种效力得以实现的保障。占有保护请求权，是指占有人在占有被侵害时，可以请求侵害人恢复其圆满状态的权利。其包括占有物返还请求权、占有妨害排除请求权、占有妨害防止请求权等。本案就属于占有人要求排除妨碍，依据《民法典》第四百六十二条规定，对妨害占有的行为，占有人有权请求排除妨害或者消除危险；因侵占或者妨害造成损害的，占有人依法有权请求损害赔偿。所以，在租赁合同没有解除前，出租人不得妨碍承租人对承租房屋的使用，而欠付的租金则属于承租人对出租人的负债，出租人可以依法起诉予以解决。

➡ **法律适用** 《民法典》第四百六十二条 占有的不动产或者动产被侵占的，占有人有权请求返还原物；对妨害占有的行为，占有人有权请求排除妨害或者消除危险；因侵占或者妨害造成损害的，占有人依法有权请求损害赔偿。

占有人返还原物的请求权，自侵权发生之日起一年内未行使的，该请求权消灭。

第五章 所有权一般规定

28 什么是所有权？

《民法典》第二百四十条规定，所有权人对自己的不动产或者动产，依法享有占有、使用、收益和处分的权利。所有权是对生产劳动的目的、对象、手段、方法和结果的支配力量，它是一种财产权，所以又称财产所有权。

29 所有权的特征有哪些？

所有权是物权中最重要也最完全的一种权利，具有绝对性、排他性、永续性三个特征，具体内容包括占有、使用、收益、处置四项权能。

30 所有权取得的方式有哪些?

所有权的取得方式,按照是否以他人所有权为前提,分为原始取得和继受取得。原始取得是指非依他人既存的权利,而是基于法律规定直接取得所有权,包括先占、生产、收益利息、添附、无主物和罚没物的法定归属、动产的善意取得、没收等方式。继受取得是指基于他人既存的权利而取得所有权,其方式主要是法律行为。

31 抢险救灾中对灾区受灾的危房爆破重建,补偿标准能否适用《中华人民共和国城市房地产管理法》《国有土地上房屋征收与补偿条例》中的房屋拆迁的相关法律规定?

不能。抢险救灾中对灾区受灾的危房爆破重建,该行为是抢险救灾应急指挥部根据当时的危急情况所采取的紧急应急措施,不是政府征收行为,也不同于正常情况下的房屋拆迁。因此,补偿标准不能适用《中华人民共和国城市房地产管理法》《国有土地上房屋征收与补偿条例》中的房屋拆迁的相关法律规定。

32 挖掘机被征用参与抢险救灾,在抢险救灾中毁损灭失的,挖掘机所有人的权利怎么救济?

向抢险救灾征用的单位申请征用补偿。挖掘机因被征用参与抢险救灾被毁损,应当适用《民法典》第二百四十五条规定,因抢险救灾、疫情防控等紧急需要,依照法律规定的权限和程序可以征用组织、个人的不动产或者动产。被征用的不动产或者动产使用后，应当返还被征用人。组织、个人的不动产或者动产被征用或者征用后毁损、灭失的，应当给予补偿。

【案例5-1】被安置人是否就是安置房的所有权人？

▶ **案情介绍** 朱某甲系朱某丙及汤某丁之子，汤某甲、张某英是汤某丁的父母，汤某乙是汤某丁之姐，姚某甲是汤某乙丈夫，汤某丙是汤某乙之子。

2006年3月，汤某甲居住的J市N区城南街道长新村一带，因建设J市第一医院工程被列入拆迁范围。同年3月16日，汤某甲与J市经济开发区建设发展有限责任公司订立房屋拆迁安置协议书，约定被拆迁人房屋坐落于长新1组，累计建筑面积225平方米，产权人为汤某甲，核定安置人口7+2人（含独生子女2名，姓名为汤某丙、朱某甲）。2009年8月3日，朱某甲向原审法院提起诉讼，要求依法分割拆迁所得的293.82平方米拆迁房，并判令其中60平方米房屋归朱某甲所有。

▶ **律师指引** 由于对农民住宅房进行拆迁安置均以户为单位进行，取得拆迁安置房的所有权人应为被拆迁房屋的所有权人。根据汤某甲户的集体土地建设用地使用证及当时的户籍资料，上述拆迁安置房的所有权人应当为汤某甲、张某英、汤某乙、汤某丁四人，且属共同所有。朱某甲与姚某甲、汤某丙同属在拆迁人户口册上登记并实际居住的公民，均属安置人口，但由于其不是被拆迁房屋的所有权人，故均不能取得拆迁安置房的所有权。

> **法律应用** 《民法典》第二百零九条 不动产物权的设立、变更、转让和消灭，经依法登记，发生效力；未经登记，不发生效力，但是法律另有规定的除外。

依法属于国家所有的自然资源，所有权可以不登记。

第二百九十七条 不动产或者动产可以由两个以上组织、个人共有。共有包括按份共有和共同共有。

第二百九十八条 按份共有人对共有的不动产或者动产按照其份额享有所有权。

第二百九十九条 共同共有人对共有的不动产或者动产共同享有所有权。

【案例5-2】地震过后，政府组织灾区危房爆破是否按政府征收征用进行补偿？

> **案情介绍** "5·12"汶川特大地震发生后，当时为了防止发生次生、衍生灾害，维护社会秩序，抢险救灾应急指挥部根据当地危房的实际情况划定封控区域，杨某红房屋在封控区内。2008年5月30日至6月1日对所有划定为封控区域内120户未倒塌的房屋全部进行爆破，收回规划范围内的国有土地使用权，并对收回的国有土地使用权根据土地性质，区分住房和商铺等不同情形制定不同的补偿标准。

杨某红认为其房屋在地震中虽然受损，但未倒塌，商铺被爆破后，该商铺的土地使用权被收回，该房屋应属于房屋拆迁范围，应按照政府对房屋征收征用的补偿标准进行补偿。

> **律师指引** 抗震救灾和灾后重建过程中，爆破是基于抗震救灾

第五章　所有权一般规定

实施的。当地当时没有倒塌的房屋全部予以爆破。县政府并未对杨某红的房屋实施过征收、征用行为。"应当给予补偿"的依据并非源于征收、征用，而是源于政府的行政管理职能。

⊙ 法律应用　《民法典》第二百四十五条　因抢险救灾、疫情防控等紧急需要，依照法律规定的权限和程序可以征用组织、个人的不动产或者动产。被征用的不动产或者动产使用后，应当返还被征用人。组织、个人的不动产或者动产被征用或者征用后毁损、灭失的，应当给予补偿。

第六章　国家所有权和集体所有权、私人所有权

㉝ 当探矿权人的矿产资源勘查许可权受到侵犯时，权利人应当如何寻求救济？

可以向自然资源部门反映情况，由主管部门查清事实后采取措施；也可以依法提起行政诉讼，请求人民法院对自然资源部门的具体行政行为进行审查；还可以依据相关合同向合同当事人主张违约责任或者民事损害赔偿，实现权利被侵害后的法律救济。矿业权兼具民事物权属性和行政许可特性。《中华人民共和国矿产资源法》第三条第三款规定，勘查、开采矿产资源，必须依法分别申请、经批准取得探矿权、采矿权，并办理登记。《中华人民共和国矿产资源法实施细则》第五条规定，国家对矿产资源的勘查、开采实行许可证制度。勘查矿产资源，必须依法申请登记，领取勘查许可证，取得探矿权。据此，探矿权的设立须经地质矿产主管部门的许可。此行政许可具有赋权的性质，属于行政机关管理职能，由行政许可法等行政法予以调整。

第六章　国家所有权和集体所有权、私人所有权

34 房屋设置抵押的是否可以拍卖土地使用权？

不可以。该建设用地房屋抵押权人仅有权拍卖抵押房屋占用范围内的土地使用权。根据《城市房地产管理法》第三十二条规定，房地产转让、抵押时，房屋的所有权和该房屋占用范围内的土地使用权同时转让、抵押。抵押权人有权通过拍卖处置抵押房屋及其占用范围内的土地使用权。若抵押权人对未抵押部分土地使用权转移占有，则构成侵权，应承担相应土地使用权及其地上附着物的损害赔偿责任。

35 什么是黑广播？黑广播侵害了谁的权益，会受什么处罚？

黑广播是指未经广电主管部门与无线电管理部门审批，私自设立的非法广播电台，主要用于违法药品、假药推销等商业活动，给社会造成了很大的危害。《民法典》第二百五十二条规定，无线电频谱资源属于国家所有。"黑广播"，就是非法使用无线电频谱资源的一种形式，故此"黑广播"侵害的是国家所有权，严重的将会受到刑事处罚。

36 河滩上捡到的石头能据为己有吗？

笔者认为可以。河滩上的石头，不论形状如何美观，从根本说就是个石头，属于无主物，可以适用先占，也就是说，捡到的人可以据为己有。

37 河滩上捡到的文物能据为己有吗?

不能。《民法典》第二百五十三条规定，法律规定属于国家所有的文物，属于国家所有。《中华人民共和国文物保护法》第五条规定，中华人民共和国境内地下、内水和领海中遗存的一切文物，属于国家所有。故此，在我国境内河滩上捡到的文物属于国家所有。

38 捡到的陨石必须上交国家吗?

要想弄清楚这个问题，我们首先需要明确哪些是国家所有的。《民法典》第二百四十二条规定，法律规定专属于国家所有的不动产和动产，任何组织或者个人不能取得所有权。第二百四十七条规定，矿藏、水流、海域属于国家所有。第二百四十九条规定，城市的土地，属于国家所有。法律规定属于国家所有的农村和城市郊区的土地，属于国家所有。第二百五十条规定，森林、山岭、草原、荒地、滩涂等自然资源，属于国家所有，但是法律规定属于集体所有的除外。第二百五十二条规定，无线电频谱资源属于国家所有。以上均属于国家所有。如果陨石是矿藏，那就属于国家所有；如果陨石不是矿藏，那就不属于国家所有，谁捡到就是谁的。那接下来我们来讨论陨石到底是不是矿藏。《现代汉语词典》对矿藏的解释是地下埋藏的各种矿物的统称。针对矿产资源，我国有专门的《中华人民共和国矿产资源法》《中华人民共和国矿产资源法实施细则》做出相应规定，其中《中华人民共和国矿产资源法实施细则》第二条规定矿产资源是指由地质作用形成的，具有利用价值的，呈固态、液态、气态的自然资源。陨石并非地质作用的产物。故笔者认为陨石并非矿藏。陨石并非国家所有，所

第六章 国家所有权和集体所有权、私人所有权

以并不是必须上交的。

39 被征收人的合法权益有哪些?

根据《民法典》第二百四十三条规定,为了公共利益的需要,依照法律规定的权限和程序可以征收集体所有的土地和组织、个人的房屋以及其他不动产。征收集体所有的土地,应当依法及时足额支付土地补偿费、安置补助费以及农村村民住宅、其他地上附着物和青苗等的补偿费用,并安排被征地农民的社会保障费用,保障被征地农民的生活,维护被征地农民的合法权益。征收组织、个人的房屋以及其他不动产,应当依法给予征收补偿,维护被征收人的合法权益;征收个人住宅的,还应当保障被征收人的居住条件。任何组织或者个人不得贪污、挪用、私分、截留、拖欠征收补偿费等费用。

40 被征收人认为征收行为对其造成财产损失的,被征收人是否有权向人民法院提起损害赔偿的侵权之诉?

无权。《中华人民共和国宪法》第十三条规定,国家为了公共利益的需要,可以依照法律规定对公民的私有财产实行征收或者征用并给予补偿。根据《民法典》第二百四十三条规定,为了公共利益的需要,依照法律规定的权限和程序可以征收集体所有的土地和组织、个人的房屋以及其他不动产。第二百四十五条规定,因抢险救灾、疫情防控等紧急需要,依照法律规定的权限和程序可以征用组织、个人的不动产或者动产。被征用的不动产或者动产使用后,应当返还被征用人。组织、个人的不动产或者动产被征用或者征用后毁损、灭失的,应当

给予补偿。《中华人民共和国土地管理法》第二条第四款规定,国家为了公共利益的需要,可以依法对土地实行征收或者征用并给予补偿。这是法律为了正确处理私有财产保护和公共利益需要、公民权利和国家权力之间的关系,确立的征收、征用制度。征收是指为了公共利益的需要,国家把私人所有的财产强制地征归国有;征用是指为了公共利益的需要,强制性地使用公民的私有财产。无论是征收还是征用,均属于国家为了公共利益需要而行使国家公权力的行为。此种情况下,在国家与公民之间所产生的关系并非平等民事主体法律关系,因此产生的纠纷不属于民事诉讼受案范围。征收行为造成被征收人财产损失的,属于人民政府按土地征收征用办法处理的范畴,不属于人民法院处理平等民事主体之间民事法律关系的民事诉讼受案范围,只能向人民政府申请解决,其向人民法院提起民事诉讼错误,应予驳回。

41 当事人是否有权以宅基地使用权争议向人民法院提起诉讼?

宅基地使用权,应依法按照程序进行审批,不属于人民法院的受理范围。根据《中华人民共和国土地管理法》第六十二规定,农村村民一户只能拥有一处宅基地,其宅基地的面积不得超过省、自治区、直辖市规定的标准。人均土地少、不能保障一户拥有一处宅基地的地区,县级人民政府在充分尊重农村村民意愿的基础上,可以采取措施,按照省、自治区、直辖市规定的标准保障农村村民实现户有所居。农村村民建住宅,应当符合乡(镇)土地利用总体规划、村庄规划,不得占用永久基本农田,并尽量使用原有的宅基地和村内空闲地。编制乡(镇)土地利用总体规划、村庄规划应当统筹并合理安排宅基地用

第六章 国家所有权和集体所有权、私人所有权

地,改善农村村民居住环境和条件。农村村民住宅用地,由乡(镇)人民政府审核批准;其中,涉及占用农用地的,依照本法第四十四条的规定办理审批手续。农村村民出卖、出租、赠与住宅后,再申请宅基地的,不予批准。国家允许进城落户的农村村民依法自愿有偿退出宅基地,鼓励农村集体经济组织及其成员盘活利用闲置宅基地和闲置住宅。国务院农业农村主管部门负责全国农村宅基地改革和管理有关工作。土地使用权争议,由当事人协商解决,协商不成的,由人民政府处理。当事人是否享有对宅基地的使用权,应依法按照程序进行审批,不属于人民法院的受理范围。

42 当事人甲(非宅基地所在范围内的集体经济组织成员)与当事人乙约定由乙提供宅基地,甲出资建设,房屋建成后归甲所有,该约定是否有效?

无效。当事人甲、乙约定,由乙提供宅基地,由甲出资进行建房,房屋建成后归甲所有,该标的物为农村宅基地,其土地属于集体所有,而甲并非案涉宅基地所在范围内的集体经济组织成员,该合同亦未得到有关组织和部门的批准,故双方约定因违反法律法规和政策而无效。

43 村民委员会是否有权以签订合同的方式将河段采砂权发包给他人生产经营?

无权。当事人订立、履行合同,应当遵守法律、行政法规的规定。根据《民法典》第二百四十七条规定,矿藏、水流、海域属于国家所

有。第一百五十三条规定，违反法律、行政法规的强制性规定的民事法律行为无效。但是，该强制性规定不导致该民事法律行为无效的除外。违背公序良俗的民事法律行为无效。

44 当事人私自移植的重点保护野生植物遭到破坏，是否有权提起财产损害赔偿纠纷之诉？

无权。公民的民事行为不得违反法律法规的相关规定。被损坏的树木系国家重点保护野生植物，根据《中华人民共和国野生植物保护条例》第十六条规定，禁止采集国家一级保护野生植物。因科学研究、人工培育、文化交流等特殊需要，采集国家一级保护野生植物的，应当按照管理权限向国务院林业行政主管部门或者其授权的机构申请采集证；或者向采集地的省、自治区、直辖市人民政府农业行政主管部门或者其授权的机构申请采集证。《国家林业局关于规范树木采挖管理的有关问题的通知》规定，采挖国家重点保护野生植物和珍贵树木的，要严格按照《中华人民共和国野生植物保护条例》和《国家林业局关于实行国家重点保护野生植物采集证有关问题的通知》的有关规定办理。《国家林业局关于采集（采伐）国家一级保护野生植物（树木）有关问题的复函》规定，采集国家一级保护野生植物中的树木的，除应当依法办理"国家重点保护野生植物采集证"外，还需要凭"国家重点保护野生植物采集证"依法申请办理"林木采伐许可证"。当事人未经林业主管部门审批，擅自采挖生长在野外即野生的国家保护植物，违反了法律的相关规定。《民法典》第二百五十条规定，森林、山岭、草原、荒地、滩涂等自然资源，属于国家所有，但是法律规定属于集体所有的除外。第二百五十一条规定，法律规定属于国家所有的野生动植物资源，属于国家所有。因此，该重点保护野生植物所有权并不因为当事人非法移栽种植而改变其所有权性质，该重点保护野生植物仍然属于国家所有。当事人不是被损坏的重点保护野生植物的合法所有权人，不具有诉讼权利能力，且是与案件存在着法律上利害关系的公民，故不具备主张权利的原告适格主体资格。

45 当事人在电力线路保护区域内种植的树木可能危及电力设施安全的，当事人是否应当无条件予以清除？

应当无条件予以清除。根据《中华人民共和国电力法》第五十三条规定，电力管理部门应当按照国务院有关电力设施保护的规定，对电力设施保护区设立标志。任何单位和个人不得在依法划定的电力设施保护区内修建可能危及电力设施安全的建筑物、构筑物，不得种植可能危及电力设施安全的植物，不得堆放可能危及电力设施安全的物品。在依法划定电力设施保护区前已经种植的植物妨碍电力设施安全的，应当修剪或者砍伐。《电力设施保护条例》第十条第一项规定，架空电力线路保护区：导线边线向外侧水平延伸并垂直于地面所形成的两平行面内的区域，在一般地区各级电压导线的边线延伸距离如下：154-330 千伏 15 米。《电力设施保护条例实施细则》第十八条规定，电力企业对已划定的电力设施保护区域内新种植或自然生长的可能危电力设施安全的树木、竹子，应当予以砍伐，并不予支付林木补偿费、林地补偿费、植被恢复费等任何费用。《电力设施保护条例》第二十四条第二款规定，在依法划定的电力设施保护区内种植的或自然生长的可能危及电力设施安全的树木、竹子，电力企业应依法予以修剪或砍伐。电网公司架设的电力线路是经合法建设的，所建设的电力设施应受法律保护,任何单位和个人均不能危害电力设施的安全运行。而当事人在该线路保护区范围内种植树木,其行为显然违反上述法律法规规定。当事人应当立即停止侵权、排除妨害,对电力线路保护区域内可能危及电力设施安全的树木予以清除,且不得再在此区域内种植可能危及电力设备安全的植物。

46 沿海滩涂围垦建设的虾池是否需要办理《海域使用权证书》?

需要。根据《中华人民共和国海域使用管理法》第二条第一款规定,本法所称的海域,是指中华人民共和国内水、领海的水面、水体、海床和底土。第三条规定,海域属于国家所有,国务院代表国家行使海域所有权。任何单位或者个人不得侵占、买卖或者以其他形式非法转让海域。单位和个人使用海域,必须依法取得海域使用权。第六条第一款规定,国家建立海域使用权登记制度,依法登记的海域使用权受法律保护。第七条第一款规定,国务院海洋行政主管部门负责全国海域使用的监督管理。沿海县级以上地方人民政府海洋行政主管部门根据授权,负责本行政区毗邻海域使用的监督管理。可见,我国海域所有权属于国家,实行海域使用权登记制度,依法登记的海域使用权受法律保护。海域使用权证书作为法定的权利凭证,具有专属排他、支配以及使用、收益等物权属性。沿海滩涂本身是指大潮高潮位与低潮位之间的潮浸地带,已为海堤或堤坝构筑物物理阻隔,并不属于海域使用管理法所指的"海域"范围。因虾池养殖功能的需要,进行海水水体交换,或因其历史传统原因、地理位置、围垦建设、管理职能需要等占用海域,故依法也应当办理《海域使用权证书》。但是,海域使用管理法属于行政管理法律法规,原告应当办理而未办理权利确认证书,据此依法应承担相应的行政责任或不利后果,本身并不否认或排斥其应依法享有的民事权利。

47 村民为取得宅基地使用权证书,能否起诉要求村委会履行为其出具宅基地使用权来源证明的义务?

不能。村民请求村委会为其出具房屋权属来源证明,并不因此在村民与村委会之间产生财产关系,故村民所诉的因村委会拒绝为其出具房屋权属来源证明而引起的纠纷并非是可以提起民事诉讼的纠纷。虽然《民法典》第二百六十五条规定,集体所有的财产受法律保护,禁止任何组织或者个人侵占、哄抢、私分、破坏。农村集体经济组织、村民委员会或者其负责人作出的决定侵害集体成员合法权益的,受侵害的集体成员可以请求人民法院予以撤销。

但该条款是关于对集体财产权保护的规定,只有当集体成员合法的财产权益受到集体经济组织、村民委员会或者其负责人做出的决定侵害时,受侵害的集体成员才可以提起民事诉讼,请求人民法院撤销该决定。村民所诉的村委会拒绝为其出具房屋权属来源证明的行为,不属于该条款规定的侵犯集体财产权的行为。如果村民认为为其出具房屋权属来源证明是村委会应当履行的义务,对该村委会拒不履行义务行为,可以依据《中华人民共和国村民委员会组织法》第三十六条第二款的规定请求人民政府责令该村委会改正。

【案例6-1】在一方宅基地上联合建房,另一方能否主张房屋所有权?

🔵 **案情介绍** 张某某与梁某签订《联合建房合同》,约定由梁某提供宅基地,张某某出资建设,房屋建成后归张某某所有。张某某向梁某给付建房款10万元后,开始建造房屋,但房屋建成后梁某占有使用,并拒绝返还。

🔵 **律师指引** 张某某与梁某签订的《联合建房合同》,标的物为农村宅基地,其土地属于集体所有,而张某某并非案涉宅基地所在范围内的集体经济组织成员,该合同亦未得到有关组织和部门的批准,故《联合建房合同》因违反法律法规和政策,应属无效。

对于双方因合同取得而应予返还的财产问题,因合同无效,张某某应当返还梁某宅基地,梁某应当返还张某某购地款10万元,但张某某建成的房屋与梁某宅基地为一体化房地产,无法返还,应当由梁某折价补偿。

🔵 **法律应用** 《民法典》第一百四十六条 行为人与相对人以虚假的意思表示实施的民事法律行为无效。以虚假的意思表示隐藏的民事法律行为的效力,依照有关法律规定处理。

第一百五十三条 违反法律、行政法规的强制性规定的民事法律行为无效。但是,该强制性规定不导致该民事法律行为无效的除外。违背公序良俗的民事法律行为无效。

第一百五十四条 行为人与相对人恶意串通,损害他人合法权益的民事法律行为无效。

第六章　国家所有权和集体所有权、私人所有权

第一百五十五条　无效的或者被撤销的民事法律行为自始没有法律约束力。

第一百五十六条　民事法律行为部分无效，不影响其他部分效力的，其他部分仍然有效。

第一百五十七条　民事法律行为无效、被撤销或者确定不发生效力后，行为人因该行为取得的财产，应当予以返还；不能返还或者没有必要返还的，应当折价补偿。有过错的一方应当赔偿对方由此所受到的损失；各方都有过错的，应当各自承担相应的责任。法律另有规定的，依照其规定。

《中华人民共和国土地管理法》

第六十三条　土地利用总体规划、城乡规划确定为工业、商业等经营性用途，并经依法登记的集体经营性建设用地，土地所有权人可以通过出让、出租等方式交由单位或者个人使用，并应当签订书面合同，载明土地界址、面积、动工期限、使用期限、土地用途、规划条件和双方其他权利义务。

前款规定的集体经营性建设用地出让、出租等，应当经本集体经济组织成员的村民会议三分之二以上成员或者三分之二以上村民代表的同意。

通过出让等方式取得的集体经营性建设用地使用权可以转让、互换、出资、赠与或者抵押，但法律、行政法规另有规定或者土地所有权人、土地使用权人签订的书面合同另有约定的除外。

集体经营性建设用地的出租，集体建设用地使用权的出让及其最高年限、转让、互换、出资、赠与、抵押等，参照同类用途的国有建设用地执行。具体办法由国务院制定。

《中华人民共和国民事诉讼法》

第六十四条 当事人对自己提出的主张,有责任提供证据。

当事人及其诉讼代理人因客观原因不能自行收集的证据,或者人民法院认为审理案件需要的证据,人民法院应当调查收集。

人民法院应当按照法定程序,全面地、客观地审查核实证据。

第七章　业主的建筑物区分所有权

第一节　业主知情权

48　业主享有哪些权利?

根据《民法典》第二百七十一条规定,业主对建筑物内的住宅、经营性用房等专有部分享有所有权,对专有部分以外的共有部分享有共有和共同管理的权利。第二百七十二条规定,业主对其建筑物专有部分享有占有、使用、收益和处分的权利。业主行使权利不得危及建筑物的安全,不得损害其他业主的合法权益。第二百七十三条规定,业主对建筑物专有部分以外的共有部分,享有权利,承担义务;不得以放弃权利为由不履行义务。业主转让建筑物内的住宅、经营性用房,其对共有部分享有的共有和共同管理的权利一并转让。第二百七十七条规定,业主可以设立业主大会,选举业主委员会。第二百八十四条规定,业主可以自行管理建筑物及其附属设施,也可以委托物业服务企业或者其他管理人管理。对建设单位聘请的物业服务企业或者其管理人，业主有权依法更换。第二百八十七条规定，业主对建设单位、物业服务企业或者其他管理人以及其他业主侵害自己合法权益的行为，有权请求其承担民事责任。

49 业主是否有权要求物业公司公示公共部位经营性收入收支凭证和相关合同、账目等资料？

有权。法律对于业主知情权的范围做出了明确的规定，业主知情权应严格按照法律规定的内容予以行使，不能随意扩大或者缩小。根据《最高人民法院关于审理建筑物区分所有权纠纷案件适用法律若干问题的解释》第十三条规定，业主可以请求公布、查阅建筑物及其附属设施的维修资金的筹集、使用情况、物业服务合同、共有部分的使用和收益情况、建筑区划内规划用于停放汽车的车位、车库的处分情况及其他应当向业主公开的情况和资料。

50 业主是否有权要求业主委员会公示选举业主委员会的具体投票名单及所有业主的选票原件？

业主有权要求业主委员会公示选举业主委员会的具体投票名单，但选票原件无须公示。业主行使知情权应当有限度，业主委员会已公示了业主大会的投票结果及明细，所公开的信息可供小区业主对照核对，足以保障业主的知情权。在未取得其他业主同意和授权的情况下，业主无权要求业主委员会提供所有业主的选票原件供其查阅。

第七章 业主的建筑物区分所有权

51 业主委员会是否有权要求物业公司提交管理期间的全部收支账册并共同委托审计?

业主委员会须召开业主大会并经已取得专有部分占建筑物总面积过半数的业主且占总人数过半数的业主授权或同意,方有权要求物业公司提交管理期间的全部收支账册并共同委托审计。依据《物业管理条例》第十一条第(七)项、第十二条及第十五条的规定,业主委员会系业主大会的执行机构,代表业主与业主大会选聘的物业服务企业签订物业服务合同。小区有关共有和共同管理权利的重大事项属于业主共同决定事项,应通过召开业主大会的形式经专有部分占建筑物总面积过半数的业主且占总人数过半数的业主同意。业主委员会要求物业公司移交小区全部收支账册并共同委托审计,属于小区共有和共同管理的重大事项。

52 业主是否可以向已被罢免的业主委员会委员主张业主知情权?

不可以。业主知情权纠纷是指业主请求业主大会或者业主委员会公开依法应当向业主公开的资料而发生的纠纷。业主大会或者业主委员会作为独立民事权利义务主体,其行为产生的后果应由业主委员会承担。业委会已被罢免,新一届业委会选举工作完成,被罢免的业委会委员并非业主知情权履行义务主体。

第二节 业主撤销权

53 小区业主是否可以要求人民法院撤销业主大会做出的决议？

可以。根据《民法典》第二百八十条规定："业主大会或者业主委员会的决定，对业主具有约束力。业主大会或者业主委员会作出的决定侵害业主合法权益的，受侵害的业主可以请求人民法院予以撤销。"《民法典》作为基础性法律规范，既是业主作为所有权（共有权）人行使物权的依据，也是政府行政部门进行监督管理、业主行使内部自治管理权利的依据。综上，小区业主可以要求人民法院撤销业主大会做出的决议。

54 小区业主是否有权以业主大会为被告，向人民法院申请撤销业主大会？

不可以。小区业主设立的业主大会，符合《民法典》第二百七十七条第一款"业主可以设立业主大会，选举业主委员会"的规定。民法理论上，业主大会是业主的自治组织，是基于业主的建筑物区分所有权的行使产生的，由全体业主组成，是建筑区划内建筑物及其附属设施的决策机构。根据《民法典》第二百七十八条的规定，业主可以要求更换业主委员会成员，而业主大会和业主委员会选举过程中引发的纠纷，不属于人民法院民事案件受案范围，当事人可以依照议事规则协商处理或向行政主管部门要求解决。

第七章　业主的建筑物区分所有权

第三节　建筑物共有部分

55 业主委员会是否有权要求物业公司分配小区共有部分收益？

有权。小区公共收益属于全体业主或相关业主的共有部分，禁止任何单位、个人侵占处分或者改作他用；业主对共用部分，享有权利义务，不得以放弃权利为由不履行义务；利用物业共用部分经营的，应当符合法律法规和本规约的规定。公共收益实行责任制，公共收益金的管理和使用，实行业主委员会主任负责制。公共收益部分归物业服务企业，在小区公共道路划作车位的出租管理收益上，物业服务企业承担了义务，管理和维护了车辆及车位，物管人员付出了劳动，本着权利义务相统一的原则，物业管理企业对这部分的公共收益也享有部分权利。在双方具体如何分配上，有些城市出台了相关的规定，如北京、杭州等一些城市就规定车位租金按照三七分成（物业得三成，业主委员会得七成），并由物业对财务进行统一管理，用于小区公共设备维修等事项，业主委员会则负责监督使用。据此，在存有小区共有部分管理收益的情形下，该收益应主要归属于全体业主享有，鉴于物管企业付出了管理成本，也应享有合理的回报。

56 房间系超规划面积部分，是否能成为建筑物区分所有权的标的物？

不能。开发商建设的建筑实际建成面积超过原规划许可，该房间包含在超规划面积之中。而业主的建筑物区分所有权，无论是专有部分，还是共有部分，均应符合规划许可，这是合法性的必然要求。该房间系超规划面积部分，不能成为建筑物区分所有权的标的物。在超规划面积未办理完毕审批手续之前，不能成为建筑物区分所有权的标的物。

第四节　排除妨害

57　非同楼层的业主是否有权要求"住改商"的业主停止经营活动，并恢复房屋的住宅性质？

有权。《民法典》第二百七十九条规定："业主不得违反法律法规以及管理规约，将住宅改变为经营性用房。业主将住宅改变为经营性用房的，除遵守法律法规以及管理规约外，应当经有利害关系的业主一致同意。"根据《最高人民法院关于审理建筑物区分所有权纠纷案件适用法律若干问题的解释》第十条"业主将住宅改变为经营性用房，未依据民法典第二百七十九条的规定经有利害关系的业主一致同意，有利害关系的业主请求排除妨害、消除危险、恢复原状或者赔偿损失的，人民法院应予支持。将住宅改变为经营性用房的业主以多数有利害关系的业主同意其行为进行抗辩的，人民法院不予支持。"及该解释第十一条"业主将住宅改变为经营性用房，本栋建筑物内的其他业主，应当认定为民法典第二百七十九条所称'有利害关系的业主'。建筑区划内，本栋建筑物之外的业主，主张与自己有利害关系的，应证明其房屋价值、生活质量受到或者可能受到不利影响"。据此，非同楼层的

第七章 业主的建筑物区分所有权

业主有权在证明其房屋价值、生活质量受到或者可能受到不利影响的情况下,可以要求"住改商"的业主停止经营活动并恢复房屋的住宅性质。

58 业主委员会筹资修缮受损电梯,未参与出资的业主,在修缮后是否有权继续使用电梯?

有权。《最高人民法院关于审理建筑物区分所有权纠纷案件适用法律若干问题的解释》第三条规定:"除法律、行政法规规定的共有部分外,建筑区划内的以下部分,也应当认定为民法典第二编第六章所称的共有部分:(一)建筑物的基础、承重结构、外墙、屋顶等基本结构部分,通道、楼梯、大堂等公共通行部分,消防、公共照明等附属设施、设备,避难层、设备层或者设备间等结构部分;(二)其他不属于业主专有部分,也不属于市政公用部分或者其他权利人所有的场所及设施等。建筑区划内的土地,依法由业主共同享有建设用地使用权,但属于业主专有的整栋建筑物的规划占地或者城镇公共道路、绿地占地除外。"电梯及入梯通道属于该楼宇全体业主共同享有使用权利的共用设施设备和物业共用部位。业委会作为建筑区域业主公共利益的代表者,在履行物业管理职责过程中不得实施损害业主权益的行为,其以案涉业主未交纳物管费、未分摊电梯修缮费等为由阻止业主使用电梯,属于国务院《物业管理条例》第十二条第五款所规定的"业主大会或者业主委员会作出的决定侵害业主合法权益,受侵害的业主可以请求人民法院予以撤销"的情形,另一方面,根据权利义务对等原则,未参与出资的业主负有依法交纳物管费以及分摊电梯及通道等共用设施、物业共用部位因修缮、改造产生相关费用的义务,并且在对建筑物专有部分使用过程中亦不得损害其他业主的合法权益。

第五节 侵权

59 开发商或经营管理公司依法改变原规划设计的，商铺产权人是否可以主张侵权损害赔偿？

不可以。若经行政主管部门批复同意，开发商或经营管理公司依法改变原规划设计，可证明该规划许可行为合法，开发商或经营管理公司的建造变更行为有合法依据，并非违法行为，亦无证据证明开发商或经营管理公司存在过错，因此商铺业主主张开发商或经营管理公司存在侵权行为，无事实和法律依据，不能主张侵权损害赔偿。

60 开发商将楼盘出售后，是否有权起诉业主要求其承担小区设施的损害赔偿责任？

无权。开发商是以业主损坏其财产为由而要求赔偿，属一般侵权情形，侵权的成立应以业主存在过错为前提。小区由开发商开发建造，在开发商出售前，小区的房屋及相关配套设施属开发商所有自无异议。但在开发商出售后，小区内的房屋及相关设施的所有权，应按法律有关业主的建筑物区分所有权的规定予以确定。类似于地下车库道闸这样的设施，从其用途来看，应属公用设施，依法应属业主共有，而非发开发商专有。即便设施受到损坏，也应由业委会代表全体业主主张权利，开发商无权就公用设施的损坏赔偿事宜向业主提起诉讼。

第七章 业主的建筑物区分所有权

61 从水表处至业主室内使用的自来水管道（已经超过质量保修期限）漏水造成他人财产损失的，物业公司、开发商、业主谁应对此承担赔偿责任？

业主应对该损失承担损害赔偿责任。此类问题首先应当考虑造成他人财产损失之物的所有权归属问题。若归公共使用，由物业公司或开发商享有所有权，则由其承担责任。若仅供某一业主使用，且该物在构造和利用上均具有独立性，则根据《民法典》关于业主的建筑物区分所有权和《最高人民法院关于审理建筑物区分所有权纠纷案件适用法律若干问题的解释》的相关规定，由该业主按评估损失金额进行赔偿。

62 根据高层供水压力分区需要，在相关压力区楼层室内安装的减压阀等设施漏水给业主造成财产损失，应由哪方主体承担损害赔偿责任？

应由物业公司承担损害赔偿责任。《民法典》专章规定了业主的建筑物区分所有权，给予了业主充分的权利，同时鉴于房屋建筑本体、排水、线路、消防、小区安全防范等方面是共用的，构成了一个整体，也规定了业主应当承担的义务，要求其不得随意变动、撤换、毁损位于专用部分内的共用部分。但物业公司仍旧是共用部分运行、管理和维护的责任主体，相关压力区楼层室内安装的减压阀等设施漏水，是物业公司未全面履行义务的后果，故应当由其承担相关的赔偿责任。

第六节 车位的权利

63 既没有登记，又没有约定的，小区地下停车位工程的所有权应属于开发商所有还是业主共有？

既没有登记，又没有约定的，根据建设地下停车位工程的费用是否摊入购房款，或地下停车位工程的建筑面积是否作为房屋的公摊面积予以确定物权的归属。费用包括购房款或公摊面积包括地下停车位的，产权归全体业主所有，反之，归开发商所有。

64 买受人是否有权以签订《地下停车位使用权转让协议》时地下停车位并未竣工验收合格（没有明确的空间界限、位置）为由主张撤销《地下停车位使用权转让协议》？

不可以。虽然签署该协议时车位尚未竣工验收，但法律并未禁止转让尚未竣工验收的车位的使用权，故该协议并不违反法律法规的禁止性规定，应为有效，不得以此为由主张撤销。

第七节 物业服务合同

65 什么是前期物业服务合同？

业主委员会需要由业主召开业主大会，才能成立业主委员会。而

第七章 业主的建筑物区分所有权

业主大会的召开有诸多程序性要求,其中包括人数要达到一定比例。现实生活中,开发商不可能将楼盘一次性全部售出,需要经过较长的一段时间后,小区业主的人数才能达到第一次业主大会所要求的比例。而且,即使召开了第一次业主大会,也未必能马上成立业主委员会。但是在这段过渡时间内,房屋已经交付给业主,业主存在着物业管理的需求。因此,这一阶段由开发商选聘物业服务企业来对物业进行有效管理。开发商与物业服务企业所签订的临时性、过渡性的物业服务合同,就是前期物业合同。

66 物业公司提供服务前,开发商在取得过半数业主授权后,是否有权以通知形式解除其与物业公司签订的《前期物业服务合同》?

可以。根据民法典相关规定,在履行期限届满之前,合同当事人一方明确表示或者以自己的行为表明不履行主要债务的,当事人可以解除合同。在物业公司实际进场进行前期物业服务之前,开发商即以通知函方式告知物业公司解除双方达成的《前期物业服务合同》,因物业公司并未开始实际履行物业服务合同,故开发商解除合同的行为应属有效。

67 小区业主是否可以主张按照实际用量而非"分摊系数(面积占比)"承担电费?

不可以。公用电费是由于公共设施设备用电和公共区域用电而产生的,其应该由小区全体业主承担。在物业合同和公约未对"分摊系数"计算标准做出明确约定的情况下，将业主专有部分建筑面积占小区总建筑面积的比例作为"分摊系数"计算标准，符合建筑物区分所有权的基本原理。据此，业主除应依据电表抄录读数按月计算支付其房屋内电费外，还应根据分摊系数按月计算支付所应分摊的公共能源费。

68 业主能否以房屋质量问题为由拒绝缴纳物业服务费？

不能。物业服务与房屋买卖分属两个不同的法律关系，业主不能以房屋质量存在问题为由，迟交、拒交物业服务费。小区的房屋质量问题在质保期之内由开发商负责维修，质量瑕疵担保责任由开发商承担，质保期满后业主维修房子需要启动小区维修基金。而物业公司作为一个服务主体，仅提供对公共区域的清洁、安保等服务，房屋质量瑕疵问题并非物业管理的职责范围。

第八节　商品房买卖

69 开发商未取得商品房预售许可证明，与买受人订立了商品房预售合同及相关从合同，后因买受人不能办理按揭贷款，买受人是否可以要求开发商退购房（车位）款以及购房（车位）款被占用期间的利息？

可以。开发商并未取得商品房预售许可证明，故双方签订的《商

第七章 业主的建筑物区分所有权

品房买卖合同》《车位使用权转让协议书》因违反法律的强制性规定而无效。根据我国相关法律规定，合同无效后，因该合同取得的财产，应当予以返还，有过错的一方应当赔偿对方因此受到的损失，双方都有过错的，应当各自承担相应的责任。开发商在未取得商品房预售许可证明的情形下从事售卖行为存在过错；买受人作为完全民事行为能力人，理应就售卖方证件手续是否齐全具备基本的认知力与判断力，在明知手续不全的情况下仍然签订协议进行购买，双方均存在过错，但开发商违规销售在前，过错责任相对较大。故买受人向开发商主张退购房（车位）款以及购房（车位）款被占用期间的利息（按银行同期同类存款利率计算），人民法院应予支持。

70 售楼宣传单页中所记载的配套设施相关内容能否视为业主与开发商之间订立了地役权合同？

不能。地役权是指依照合同的约定而以他人土地供自己土地的方便和利益之用的权利。设立地役权，当事人应当采取书面形式订立地役权合同。一般来说，开发商印制的售楼宣传单中均没有关于供役地和需役地的位置、利用目的和方法、利用期限、费用及其支付方式、解决争议的方法等地役权合同的一般条款，且宣传单页末尾记有"本广告仅供参考，最终以政府批准的图例及法律文件为准"。据此，售楼宣传单页中的内容不属于商品房买卖合同内容，商品房买卖合同仅具有房屋买卖合同性质，业主对取得的房屋享有的所有权属于业主的建筑物区分所有权，即仅对专有部分享有所有权，而非地役权。

第九节 业主身份认定

71 什么是"业主的建筑物区分所有权"中的"业主"?

《最高人民法院关于审理建筑物区分所有权纠纷案件适用法律若干问题的解释》第一条规定:"依法登记取得或者依据民法典第二百二十九条至第二百三十一条规定取得建筑物专有部分所有权的人,应当认定为民法典第二编第六章所称的业主。基于与建设单位之间的商品房买卖民事法律行为,已经合法占有建筑物专有部分,但尚未依法办理所有权登记的人,可以认定为民法典第二编第六章所称的业主。"而《民法典》第二百二十九条规定:"因人民法院、仲裁机构的法律文书或者人民政府的征收决定等,导致物权设立、变更、转让或者消灭的,自法律文书或者征收决定等生效时发生效力。"第二百三十条规定:"因继承取得物权的,自继承开始时发生效力。"第二百三十一条规定:"因合法建造、拆除房屋等事实行为设立或者消灭物权的,自事实行为成就时发生效力。"根据上述法律条文,可知业主身份认定的标准。

72 业主的知情权义务主体是谁呢?

业主知情权是指业主了解建筑区划内涉及业主共有权以及共同管理权相关事项的权利。根据《最高人民法院关于审理建筑物区分所有权纠纷案件适用法律若干问题的解释》第十三条的规定:"业主请求公布、查阅下列应当向业主公开的情况和资料的,人民法院应予支持:(一)建筑物及其附属设施的维修资金的筹集、使用情况;

第七章 业主的建筑物区分所有权

（二）管理规约、业主大会议事规则，以及业主大会或者业主委员会的决定及会议记录；（三）物业服务合同、共有部分的使用和收益情况；（四）建筑区划内规划用于停放汽车的车位、车库的处分情况；（五）其他应当向业主公开的情况和资料。"物业服务合同、共有部分的使用和收益情况，因物业服务企业是物业服务合同的缔约主体、物业费的收取和支出主体、利用业主共有部分经营的主体，因此该项业主知情权的义务主体为物业服务企业；其他应当向业主公开的情况和资料，应当根据业主申请查询的事项性质及相关资料的保管主体确定业主知情权的义务主体。

73 业主委员会的决议什么情况下能被撤销？

《民法典》第二百七十八条的规定："下列事项由业主共同决定：（一）制定和修改业主大会议事规则；（二）制定和修改管理规约；（三）选举业主委员会或者更换业主委员会成员；（四）选聘和解聘物业服务企业或者其他管理人；（五）使用建筑物及其附属设施的维修资金；（六）筹集建筑物及其附属设施的维修资金；（七）改建、重建建筑物及其附属设施；（八）改变共有部分的用途或者利用共有部分从事经营活动；（九）有关共有和共同管理权利的其他重大事项。业主共同决定事项，应当由专有部分面积占比三分之二以上的业主且人数占比三分之二以上的业主参与表决。决定前款第六项至第八项规定的事项，应当经参与表决专有部分面积四分之三以上的业主且参与表决人数四分之三以上的业主同意。决定前款其他事项，应当经参与表决专有部分面积过半数的业主且参与表决人数过半数的业主同意。"

故此，业委会的决议能否被撤销，取决于它是否侵害了业主的权益。

第八章 相邻关系

(74) 相邻关系的行使要基于合同约定吗?

相邻关系是所有权的延伸,是基于法律规定出现的一种权利,以不动产相邻为前提,不需要基于合同行使。

(75) 相邻权关系应该怎么处理?

相邻权的行使要本着有利生产、方便生活的原则,因此对于相邻关系中相邻各方对对方的轻微侵害或者按照当地习惯认为不构成侵害的行为,应该负有必要的容忍义务。

(76) 为防止相邻车位发生剐蹭,可以在车位相邻处安装防护栏吗?

依据《民法典》第二百九十一条规定,"不动产权利人对相邻权利人因通行等必须利用其土地的，应当提供必要的便利。"在遇到上述情况时，首先要分析车位防护栏是否影响到了对方通行，是否侵占了对方的使用面积，如果以上都没有，则不属于侵权行为。

77 维修私自搭建的阳台棚顶需要从楼上邻居家借地进行，邻居不让，该怎么办？

私自搭建的阳台棚顶属于违法建筑，依法不受法律保护。此种情况下，相邻关系的法律基础不成立，住户无权要求邻居借地维修。

78 老旧小区加建电梯，一楼业主表示反对的，可以阻挠施工吗？

住宅楼加建电梯经过专有部分占建筑物总面积三分之二以上的业主且占总人数三分之二以上的业主同意，并已经过行政机关审查许可取得"建设工程规划许可证"的，业主享有加建电梯的合法权利。加建电梯必须利用相邻土地、建筑物的，该土地、建筑物的权利人应当提供必要的便利。故一楼业主不应阻挠电梯施工。

79 在不动产权利人发生变化的情况下，侵害相邻权的责任由谁承担？

根据《民法典》的规定，在不动产权利人发生变化的情况下，侵害相邻权的责任应当由相应的主体承担；在不动产权利人变更前造成相邻不动产权利人的损害，由前权利人承担损害赔偿责任；在不动产变更后造成的相邻不动产权利人的损害,由后权利人承担损害赔偿责任。

80 相邻不动产权人协议约定建筑高度的,一方可以在并不违反建设工程规划许可的前提下,违约提高自身建筑高度吗?

不可以。如果相邻不动产权人已经对建筑高度做出了协议约定,则双方都应遵守协议约定,不得任意提高自身建筑高度,即使这一行为不违反建设工程行政规定,但已经构成违约,相邻不动产权人可以通过要求违约方停止施工、赔偿损失等方式维护权益。

81 房屋转让前,出让人与相邻关系人对通行权有特殊约定的,该约定对受让人有效吗?

出卖人出卖不动产时,其基于相邻关系而在他人不动产上享有的通行等权利不应成为转让标的。即使双方在买卖合同中对该通行权进行了所谓的约定,对第三人也不具有约束力。买受人享有的通行权权源基础同样是相邻关系,而并非买卖合同的约定。当客观情况发生变化,买受人不再符合相邻关系要件时,第三人可以拒绝买受人的通行要求,买受人无权以买卖合同中关于通行权的约定约束第三人。

82 通风、采光和日照的妨碍行为的判断是什么？

有关通风、采光和日照的妨碍行为的司法判断是以国家有关工程建设标准的规定为基本的判断标准。因此，建造建筑物的国家有关工程建设标准应当视为社会一般人的容忍限度。当日照、采光或通风的妨碍超出了被妨碍人必要的容忍限度时，被妨碍人可以主张排除妨碍和损害赔偿。

83 新规划（在建）小区影响相邻房屋采光权，如何要求对方停止侵权行为？

不动产的相邻各方，应当按照有利生产、方便生活、团结互助、公平合理的精神，正确处理截水、排水、通行、通风采光等方面的相邻关系。无论是在建还是已建建筑物，均不得违反国家有关工程建设标准，妨碍相邻建筑物的通风、采光和日照。给相邻方造成妨碍或者损失的，应当停止侵害、排除妨碍，赔偿损失。

84 小区业主可以在小区公共绿地部分设置地源热泵等个人设施吗？

小区业主有权利合理利用公共部分，合理的标准包括无偿，不得违反法律法规、管理规约或者损害他人合法权益，同时还应当考虑到公序良俗等因素。业主违反"物业管理公约"，在没有经业主共同决定，甚至未取得与争议绿地关系最紧密的业主的同意的情况下，擅自使用公共绿地的，不属于合理利用。

不动产权利人因用水、排水、通行、铺设管线等利用相邻不动产的，应当尽量避免对相邻的不动产权利人造成损害。

85 空调挂机可以随意悬挂在外墙上吗？

业主及物业使用人对与其专有部分紧密相连的外墙面拥有不以营利为目的和不违反法律法规、管理规约或者损害他人的合法权益的合理使用权。业主或使用人在安装空调外机时，应当放置在所住房屋专有部分对应的外墙面预留空调位置，不得将空调外机直接安装在外墙的任意位置，因为这会增加空调使用过程中排放的噪声、热量，会对相邻关系人的生活环境产生不利影响。

86 业主可以将公共露台变更为私人花园吗？

天台、走廊设计的主要功能是作为整幢楼宇的消防使用，这种特殊功能决定了它由整幢楼宇的全体业主共同共有、共同使用，业主私自将天台设置为"私人花园"，从而独占使用及占有部分共用走廊的行为侵害了其他业主的共有权，其他业主可要求该业主将建筑物共用部分恢复原状。

【案例8-1】邻居在楼道堆放杂物且不听劝阻拒不清理，怎么办？

▶ 案情介绍 王某与刘某系邻里关系。因刘某长期将杂物肆意堆放在楼道内，使楼道空间狭窄，不仅妨害王某及其他居住人的出行，还存在严重的安全隐患。王某为此多次与刘某沟通，要求其清理杂物、排除妨害，却遭到刘某的无理拒绝，小区所属居委会亦多次与刘某交涉，均无济于事。

◉ **律师指引** 按照我国《民法典》第二百八十八条的规定："不动产的相邻权利人应当按照有利生产、方便生活、团结互助、公平合理的原则，正确处理相邻关系。"此案中，如王某与刘某无法就清理杂物达成一致的，则王某可以起诉刘某，要求刘某清理杂物。

◉ **法律应用** 《民法典》第二百八十八条 不动产的相邻权利人应当按照有利生产、方便生活、团结互助、公平合理的原则，正确处理相邻关系。

【案例8-2】邻居家装修不当，影响房屋的使用怎么办？

◉ **案情介绍** 陈某甲与傅某系楼上楼下邻里关系。陈某甲为6B室房屋权利人，傅某为5B室房屋权利人。6B室的上水管预埋在与5B室之间的楼板结构内。2010年5月，傅某在装修房屋过程中曾因未按照装修图纸"单元内预埋水管位置示意图"进行装修，将厨房通道上方的预埋上水管敲破。2013年11月，陈某甲向物业管理处报修称其房屋内热水供应不足，水压异常变小。经物业管理处人员查看，发现傅某厨房通道上方陈某甲的预埋上水管渗漏，傅某方对渗漏水管做了引流管。之后，关于渗漏问题一直未能得到有效处理，而傅某房屋餐厅、阿姨房等部位也先后出现渗漏现象，傅某于2015年1月在厨房处安装了不锈钢接水盘临时解决漏水事宜，后因漏水量大而由物业管理处暂时切断陈某甲的供水。陈某甲为生活所需,另行安装热水器供临时使用。其间,物业管理处曾积极帮助陈某甲及傅某双方进行协商,但终因双方意见不一而未成。故陈某甲将傅某诉至法院,要求其赔偿自身损失。但人民法院在审理本案时发现,因陈某甲提供的证据不足以认定其房屋的损害结果系傅某造成的,陈某甲要求傅某修复水管并赔偿损失的诉讼请求,人民法院难以支持。

◎ **律师指引** 目前,我国法律并未规定房屋所有权人在装修房屋过程中违法改造致害案件的举证责任分配。依据我国的相关判例,遇到类似情形,人民法院将依据公平原则,综合当事人举证能力等因素确定举证责任的承担,因被告系房屋的装修主体,其对装修的具体情况更为了解,在原告举证不能的情况下,人民法院也可要求由被告承担举证责任,在被告没有提供证据证明其对房屋的改造合理有效,没有妨害其他权利人正常生活的情况下,由被告承担举证不能的法律后果。除此之外,在必要时原被告双方也可申请对房屋现状进行司法鉴定。(本案中,因鉴定机构认为,如要查明渗漏原因,需全面打开楼板结构检查,对房屋结构损伤太大,故不建议做检测鉴定。)

但举证责任的分配需要综合各种因素来考量,并不是所有的此类案件都由被告承担举证责任,人民法院认为除了要考虑傅某在2010年对房屋进行过装修外,还应注意到傅某的装修行为与陈某甲房屋再次发生渗漏的时间差异,和房屋渗漏点不断增多等实际情况,故认为陈某甲提供的现有证据尚不足以认定其房屋的损害结果系傅某所造成的,故最终人民法院驳回了陈某甲的诉讼请求。这也提示各位读者,在装修房屋过程中违法改造致害案件发生之初就应该及时保留证据,及时诉讼以维护自身合法权益。

第八章 相邻关系

◉ **法律应用**《民法典》第二百八十八条 不动产的相邻权利人应当按照有利生产、方便生活、团结互助、公平合理的原则，正确处理相邻关系。

【案例8-3】商住房采光受影响的需要赔偿吗？

◉ **案情介绍** 常某购买了位于Z市光明办事处的某一、二层商住楼。C公司通过竞拍购得，在常某商住楼附近进行开发建设J购物中心。常某认为J购物中心对房屋的采光、日照权造成了影响，并请建筑技术咨询有限公司对其房屋采光是否受到影响做了鉴定，鉴定意见如下：1. J购物中心对（常某）原有坐北朝南的一、二层住楼造成遮光；2.遮光程度为：大寒日8小时的有效日照时间和冬至日6小时的有效日照时间全部被遮挡，即无有效日照时间。同时常某还找吉林省某价格评估有限公司对房屋损失做了评估，评估结论如下：经评估，在评估基准日的委估房屋损失价格和租赁损失价格为624563.99元。C公司主张虽然房屋被遮光，但该房屋并非住宅，商业经营性用房不存在遮光的问题，拒绝赔偿。

◉ **律师指引** 所谓采光权，也称为日照权，通常是指房屋的所有人或使用人享有的从室外取得适度光源的权利。从法律性质上来说，采光权是相邻权的一种，即不动产的所有人或使用人为获得日照而要求相邻人限制其房屋或其他构造物的距离或高度的权利。采光权纠纷的发生，通常不外乎两种情形：一是违法建筑物遮挡相邻建筑的采光日照；二是经规划等行政许可的合法建筑物遮挡相邻建筑物的采光日照。判断采光权是否受到侵害，并不以遮光建筑物是否合法或是否履行了行政审批程序、获得行政许可为标准。

关于商住房是否享有采光权问题,商住房的土地使用权年限一般为 40 年或 50 年,而住宅的土地使用年限一般为 70 年。除上述使用功能、土地使用年限外,商住房和住宅房还在能否户籍落户、水电费价格、附属设施规划等方面存在区别。但是,从采光权的层面上说,法律并未对各类建筑物的采光权做出区别性的规定,亦不能因为对住宅类建筑的明确规范而排除其他非住宅建筑享有采光权。综上,C 公司的相关主张不能得到支持,其应当承担因侵害常某房屋采光权而产生的赔偿责任。

⊙ **法律应用** 《民法典》第二百九十三条 建造建筑物,不得违反国家有关工程建设标准,不得妨碍相邻建筑物的通风、采光和日照。

【案例 8-4】地铁合法施工造成商铺相邻权不便的,可以要求轨道交通公司赔偿吗?

⊙ **案情介绍** 陈某购买了位于 H 区工业大道中 357 号某铺面。因珠江三角洲城际快速轨道交通广州至佛山段燕岗站项目的围蔽、施工等原因,影响了陈某铺面的正常经营和使用。陈某以经营受影响为由诉请地铁公司赔偿租金损失。

⊙ **律师指引** 地铁建设围蔽施工,虽对相邻商铺正常经营有一定影响,但作为相邻方对公共利益建设造成的个人利益受损害负有必要容忍义务。本案中,案涉工程属市政重点工程,系为社会利益而实施,围蔽施工经有关主管部门批准，施工场地并未超越市政公共道路范围，陈某作为相邻关系一方，理应为地铁公司施工提供一定便利，接受一定限制。况且，作为地铁站临近商铺，地铁站建设必然会提升案涉商铺价值，陈某作为受益者对其影响也是长远、持久的。事实上，地铁公司围蔽施工留有通行通道出入陈某商铺，陈某仍可经营，至于其能否出租该商铺系受多方面因素影响，租金损失与围蔽施工无必然因果关系，故陈某提出赔偿其租金损失请求依据不足。最终，人民法院判决驳回陈某诉请。

◉ **法律应用**　《民法典》第二百八十八条　不动产的相邻权利人应当按照有利生产、方便生活、团结互助、公平合理的原则，正确处理相邻关系。

第一千一百八十六条　受害人和行为人对损害的发生都没有过错的，依照法律的规定由双方分担损失。

【案例 8-5】公司因自身经营需要改变原有排水通道，妨碍临近公司正常排水但又不同意采取补救措施的，临近公司可以自行采取补救措施并要求侵权人赔偿损失吗？

◉ **案情介绍**　X公司修建铁路专用线并为R公司修建汽车道路时，抬高地基，填平、占用多年形成的排水通道，堵了排水通道，导致W公司不能正常排泄雨水，相邻的R公司厂区和X公司铁路线区域雨水积聚至W公司厂区，W公司因积水造成损害，而引发相邻排水纠纷。后W公司诉至人民法院，要求X公司、R公司疏通排水管道。人民法院向X公司、R公司释明能否自行消除危险，疏通排水通道的情况下，

X公司、R公司均不同意采取相应补救措施消除因相邻排水和相邻防险给W公司造成的危险,基于此,W公司提出"退房让地"的形式解决排水问题的救济方案,并要求X公司、R公司赔偿其各项损失。

◉ **律师指引** 本案属于相邻各方行使不动产所有权或者使用权时因给予便利或者接受限制而产生的相邻关系纠纷,应从营造良好的邻里氛围、保持健康稳定的相邻关系的目标出发,按照有利于生产、方便生活、团结互助、公平合理的精神妥善协调解决,故相邻纠纷的处理与一般侵权损害赔偿相比存在自身特点。

对于本案因相邻关系产生的各项既有损失的认定,应当采取较为严格的标准。本案人民法院在采纳了W公司提出的"退房让地"补救方案的同时,还对W公司的各项修复费用进行了司法鉴定。对于具备补救措施实施条件后产生的新损失的索赔请求,人民法院考虑排水问题出现后,W公司为己方排水的需要,除非客观不能,首先应当考虑在其享有土地使用权的土地上加强排水建设,而非继续放任损害连年发生,并完全归咎于他人,故不予支持。

◉ **法律应用** 《民法典》第二百九十条 不动产权利人应当为相邻权利人用水、排水提供必要的便利。

对自然流水的利用,应当在不动产的相邻权利人之间合理分配。对自然流水的排放,应当尊重自然流向。

《民法典》第二百九十二条 不动产权利人因建造、修缮建筑物以及铺设电线、电缆、水管、暖气和燃气管线等必须利用相邻土地、建筑物的,该土地、建筑物的权利人应当提供必要的便利。

第九章 共有部分

87 什么是按份共有？共有人的份额如何确定？

按份共有，是指共有人分别按照确定的份额对共有财产分享权利、分担义务。依据《民法典》第二百九十八条规定，按份共有人对共有的不动产或者动产按照其份额享有所有权。按份共有的份额为抽象份额。按份共有虽然存在份额的分割，但是所有权只有一个。按份共有的份额，是共有的比例，是一种抽象的比例，并非是对标的物作物理上的分割所确定的份额。因此，按份共有人对物的支配权利及于标的物的全部。

共有人的份额可以由共有人协商，如甲、乙、丙三人按照30万元、20万元、10万元的出资比例购买了货车一辆，三人可以约定平分该货车的所有权。如没有约定，或者约定不明的，则可按照《民法典》第三百零九条规定，按照出资额确定；不能确定出资额的，视为等额享有。

88 什么是共同共有？共同共有一般在什么情形下出现？

共同共有是指两个以上民事主体，基于某种共同关系而对某项财产不分份额地共同享有权利并承担义务。共同共有产生的前提是存在共同关系。"共同共有，以共同关系成立为前提。所谓共同关系，例如夫妇关系、亲子关系。"

那么共同共有能否通过约定而产生呢？依据《民法典》第三百零八条规定："共有人对共有的不动产或者动产没有约定为按份共有或者共同共有，或者约定不明确的，除共有人具有家庭关系等外，视为按份共有。"可见，我国《民法典》认可通过约定形成共同共有。

89 按份共有和共同共有有什么区别？

依据《民法典》第二百九十七条规定，不动产或者动产可以由两个以上组织、个人共有。共有包括按份共有和共同共有。

两者的区别主要有以下几点。第一，对共有物品的处分权。按份共有的要对物品进行处分，需要经占份额三分之二以上的共有人同意。共同共有要对物品进行处分，需要经全体共同共有人的同意。

第二，管理费用的承担。按份共有有约定的按照约定，没有约定，或者约定不明确的，共有人按照共有的份额来承担。共同共有，有约定的，按照约定，没有约定或者约定不明确的，共有人共同承担。

第三，是否可以转让份额。按份共有人可以转让其共同享有的不动产或者是动产的份额。其他的共有者享有优先购买权。而共同共有者，在共有关系存续期间，除非有法律规定的特殊情形出现，任何共有者不得转让自己的份额。

第四,处分应有部分。按份共有人可自由处分共有部分。

第五,分割限制。在共同共有关系存续期间,不得请求分割共有物;按份共有人除了因共有物的使用目的不能分割或合同约定不能分割的期限外,可以随时请求分割。

90 共有关系存续期间,部分共有人可以擅自处分共有财产吗?

在共同共有关系存续期间,部分共有人擅自处分共有财产的,一般认定无效。但第三人善意、有偿取得该财产的,应当维护第三人的合法权益;对其他共有人的损失,由擅自处分共有财产的人赔偿。

91 共有人可以独自对共有物进行处分或修缮吗?

此种情形下,应先区分是共同共有还是按份共有。依据《民法典》第三百零一条规定,处分共有的不动产或者动产以及对共有的不动产或者动产作重大修缮、变更性质或者用途的,应当经占份额三分之二以上的按份共有人或者全体共同共有人同意,但是共有人之间另有约定的除外。可见,如为按份共有物,应经占份额三分之二以上的按份共有人同意,如为共同共有物,则应经全体共同共有人同意。同意方式的不同与两种共有的性质差异有关。

另外,至于何为对共有物的重大修缮,是指在不改变共有物性质的前提下,提高共有物的效用或者增加共有物的价值的行为。

须注意的是,《民法典》第三百零一条与《中华人民共和国物权法》

第九十七条比较，有一处发生了重要改变。《中华人民共和国物权法》第九十七条规定："处分共有的不动产或者动产以及对共有的不动产或者动产作重大修缮的，应当经占份额三分之二以上的按份共有人或者全体共同共有人同意，但共有人之间另有约定的除外。"《民法典》第三百零一条增加了"变更性质或者用途"的情形，即变更性质或者用途的，应当经占份额三分之二以上的按份共有人或者全体共同共有人同意，但是共有人之间另有约定的除外。所谓"变更性质或者用途的"行为，对共有物具有重大影响，可能会给共有物带来更大风险或者增加共有人的费用，当然也可能给共有人带来更大收益，因此按照处分和重大修缮的标准来对待变更性质或者用途的行为，是合理的。

92 共有人共同饲养的动物咬伤他人的，责任由谁承担？

依据《民法典》第三百零七条规定，因共有的不动产或者动产产生的债权债务，在对外关系上，共有人享有连带债权，承担连带债务，但是法律另有规定或者第三人知道共有人不具有连带债权债务关系的除外；在共有人内部关系上，除共有人另有约定外，按份共有人按照份额享有债权、承担债务，共同共有人共同享有债权、承担债务。偿还债务超过自己应当承担份额的按份共有人，有权向其他共有人追偿。

93 共有人可以随时主张份额共有物吗？

依据《民法典》第三百零三条规定，共有人约定不得分割共有的不动产或者动产，以维持共有关系的，应当按照约定，但是共有人有重大理由需要分割的，可以请求分割；没有约定或者约定不明确的，按份共有人可以随时请求分割，共同共有人在共有的基础丧失或者有重大理由需要分割时可以请求分割。因分割造成其他共有人损害的，应当给予赔偿。

94 几年前与人合买了一块玉石，如何分割才能保证玉石价值？

首先，共有人可以协商确定玉石的分割方式，确保玉石的价值。如果协商不成的，对于共有物的份额，一般遵循《民法典》第三百零四条规定，共有人可以协商确定分割方式。达不成协议，共有的不动产或者动产可以分割并且不会因分割减损价值的，应当对实物予以分割；难以分割或者因分割会减损价值的，应当对折价或者拍卖、变卖取得的价款予以分割。

共有人分割所得的不动产或者动产有瑕疵的，其他共有人应当分担损失。

95 按份共有的份额可以转卖吗？

依据《民法典》第三百零五条规定，按份共有人可以转让其享有的共有的不动产或者动产份额。其他共有人在同等条件下享有优先购买的权利。

96 法律规定按份共有人的优先购买权要在"同等条件下"行使,那么,什么情况属于"同等条件"?

"同等条件"应当综合共有份额的转让价格、价款履行方式及期限等因素确定。

97 按份共有人在转让其共有份额时应如何通知其他共有人?

根据《民法典》第三百零六条规定,按份共有人转让其享有的共有的不动产或者动产份额的,应当将转让条件及时通知其他共有人。

按份共有人转让其享有的共有的不动产或者动产份额的,应当将转让条件及时通知其他共有人。通知的主体为拟转让份额的共有人,通知的对象是其他共有人。关于通知的内容,《民法典》仅规定为"转让条件"。通知的内容是前文所述的"同等条件",还是转让人与第三人达成的转让合同的全部内容,包括拟受让人的姓名等信息,可以参照《中华人民共和国公司法》上有限责任公司股权外部转让时对通知内容的要求来理解,按份共有人应将与第三人达成的交易条件通知其他共有人,以便其他共有人决定是否行使优先购买权。按照本条规定,按份共有人应及时履行通知义务。

至于通知的方式,为避免诉争,建议在通知的同时做好证据留存。如在邮寄书面通知时留存快递信息,电话通知时做好通话录音,微信发送通知时保留发送截图等。

第九章 共有部分

98 转让通知中没有写明优先购买权的行使期限，共有人在行权期间如何确定？

为避免纠纷，共有分割转让人可在通知中载明优先购买权的行使期间，如通知中未载明行使期间，或者载明的期间短于通知送达之日起十五日的，则其他按份共有人优先购买权的行使期间为十五日。

如果转让人没有通知的，则其他按份共有人优先购买权的行使期间为知道或者应当知道最终确定的同等条件之日起十五日。转让人未通知，且无法确定其他按份共有人知道或者应当知道最终确定的同等条件的，为共有份额权属转移之日起六个月。

99 商铺共有产权人中，有一人欠债不还的，人民法院有权直接拍卖吗？

此时需要根据不动产登记证书首先明确商铺的实际共有状态，是按份共有还是共同共有。如为按份共有，因共有人的份额已经明确，所以可以直接拍卖债务人享有的份额；如为共同共有，则需先对商铺产权份额进行分割，分割后再进行拍卖。无论是按份共有还是共同共有，共有人都可以通过购买或参与拍卖的方式实现商铺权属的完整性。

100 按份共有人在未告知其他共有人的情形下转让份额的，其他共有人可以主张优先购买权吗？

如果转让人向共有人之外的人转让其份额，其他按份共有人可以根据法律、司法解释规定，请求按照同等条件购买该共有份额的，但如果仅是请求撤销共有份额转让合同或者认定该合同无效，而不购买转让份额的，这种诉请人民法院不会支持。同时，在主张优先购买权时还需注意，该主张应在上文提到的优先购买权行使期间内提出主张，购买的条件必须符合"同等条件"的要求，不能借机提出减少转让价款、增加转让人负担等实质性变更要求。

101 共有人未经其他共有人同意擅自处分共有财产，受让人的权益如何保护？

共有人未经其他共有人同意擅自处分共有财产，如果受让人受让该财产时是善意的，且支付了合理的对价，办理了财产的过户登记手续，且在办理过户登记手续时也不知道该财产有其他共有人的事实，就应当依据善意取得制度的规定保护第三人的利益，认定合同有效，发生物权变动。

102 共同共有人拟对共有财产设定抵押，其他共有人知悉后没有发表意见的，可以视为同意吗？

共同共有人要以共有财产设定抵押的，未经其他共有人同意，则抵押无效。但是，如果其他共有人知道或应当知道而未提出异议的可以视为同意。

第九章 共有部分

103 无法确定是按份共有还是共同共有，怎么办？

共有人对共有的不动产或者动产没有约定为按份共有或者共同共有，或者约定不明确的，除共有人具有家庭关系等外，视为按份共有。

104 按份共有人的份额无法确定怎么办？

按份共有人对共有的不动产或者动产享有的份额，没有约定或者约定不明确的，按照出资额确定；不能确定出资额的，视为等额享有。

105 共有房屋因执行案件被部分查封的，其他共有人的权益怎么保护？

共有房屋因执行案件被部分查封，因其析产目的无法通过执行异议之诉达到，共有权人可以以析产分割为由提起民事诉讼。我国法律未限制财产共有人对于在执行中被查封的共有财产提出析产诉讼的权利，法院应当予以受理。

106 父母去世后，兄弟姐妹继承父母房屋是共同共有还是按份共有？

依据《民法典》第三百零八条规定，共有人对共有的不动产或者动产没有约定为按份共有或者共同共有，或者约定不明确的，除共有人具有家庭关系等外，视为按份共有。可见共有人具有家庭关系时，不能简单认定他们之间的共有关系。

在回答这一问题时，需要先明确父母在去世前是否留有合法的遗嘱，如有遗嘱则遵照遗嘱执行；如没有留有遗嘱，则按照法定继承，由继承人（兄弟姐妹）共同继承。

如果兄弟姐妹没有对遗产房屋进行分割，明确各自份额，则房屋在分割前是所有继承人共同共有的；如果对房屋进行了分割，则属于按份共有。

【案例9-1】共有人优先购买权与承租人优先购买权冲突了，怎么办？

> **案情介绍**　南京市秦淮区金陵路X号房屋原系余某所有。2013年9月，余某将该房屋50%的产权转让给案外人陈金某。2014年3月起上述房屋由殷某承租，租期三年。殷某认为其作为合法的承租人，依法享有优先购买权。2016年3月，余某又将该房屋另50%的产权转让给案外人陈紫某。殷某认为余某在未通知殷某的情况下转让房屋，使其丧失了优先购买房屋的权利，应承担相应的赔偿责任，殷某遂向人民法院起诉，要求余某赔偿其损失。余某辩称：陈紫某系在校学生，显然没有独立支付巨额款项购买金陵路X号房屋50%产权份额的能力。该产权份额实际应系陈紫某的父亲陈金某出资购买。陈金某系金陵路X号房屋的共有人，依据法律规定，共有人优先购买权优先于承租人优先购买权，那么共有人出资购买房屋份额后当然有权决定该产权份额的登记人。故陈金某出资买下金陵路X号房屋50%产权份额并登记于女儿陈紫某名下并不侵犯殷某的承租人优先购买权。

第九章 共有部分

▶ **律师指引** 依据《民法典》第三百零五条规定，按份共有人可以转让其享有的共有的不动产或者动产份额。其他共有人在同等条件下享有优先购买的权利。同时，根据《民法典》第七百二十六条规定，出租人出卖租赁房屋的，应当在出卖之前的合理期限内通知承租人，承租人享有以同等条件优先购买的权利；但是，房屋按份共有人行使优先购买权或者出租人将房屋出卖给近亲属的除外。在实践中，可能发生共有人的优先购买权与承租人的优先购买权冲突的情况。本案即是一例。依据《最高人民法院关于审理城镇房屋租赁合同纠纷案件具体应用法律若干问题的解释》规定，出租人将房屋出卖给近亲属或房屋共有人行使优先购买权，承租人主张优先购买房屋的，人民法院不予支持。因此殷某的诉请无法得到人民法院的支持。

同时，在遇到类似案例时，还需要特别关注承租人与出租人签订的房屋租赁合同是否还在履行期内，如房屋租赁合同已经履行完毕，或者已经被解除的，承租人享有优先购买权的法律基础也就不存在了，承租人也就无权行使优先购买权。

▶ **法律应用** 《民法典》第三百零五条 按份共有人可以转让其享有的共有的不动产或者动产份额。其他共有人在同等条件下享有优先购买的权利。

《民法典》第七百二十六条 出租人出卖租赁房屋的，应当在出卖之前的合理期限内通知承租人，承租人享有以同等条件优先购买的权利；但是，房屋按份共有人行使优先购买权或者出租人将房屋出卖给近亲属的除外。

【案例9-2】案外人与被执行人之间的法律关系名为承包，实际上为共同共有的，案外人对共同共有的执行标的提出执行异议的，法院会支持吗？

● 案情介绍　M公司（承包方）与MD公司（发包方）签订《采选铁矿承包协议》，根据该协议的约定，M公司提供资金负责案涉矿山的采、选矿工作，MD公司提供案涉矿山的采矿权并负责铁精粉的销售，双方按照每一批次已销售并与购买方结算后的实际铁精粉数量、金额、按照不同的比例分配利润。M公司和MD公司签订合同后，在案涉矿场生产中由M公司陆续投入资金进行铁矿生产。后人民法院依据第三人的强制执行申请原裁定查封了勐龙镇分场料场堆放的约1.5万吨铁精粉。M公司遂对该1.5万吨铁精粉提出执行异议之诉，请求确认其对勐龙镇分场料场堆放的铁精粉享有所有权并解除对勐龙镇分场料场堆放的铁精粉约1.5万吨的查封。

● 律师指引　M公司和MD公司的《采选铁矿承包协议》虽名为承包协议，但合同双方具有共同投资、共同经营、共负盈亏、共担风险的特点，案涉的铁精粉系双方共同投入经营积累的财产，其所有权应归M公司和MD公司共同所有。如果M公司主张其对勐龙镇分场料场堆放的约1.5万吨铁精粉享有全部所有权，则应提供证据加以证明。

因M公司对案涉铁精粉仅享有共同所有权，不足以排除人民法院对其采取的强制执行，其仅能依据最高人民法院《关于人民法院民事执行中查封、扣押、冻结财产的规定》第十四条，申请人民法院解除其享有份额内的财产的查封、扣押、冻结措施。

第九章　共有部分

⬤ **法律应用**　《关于人民法院民事执行中查封、扣押、冻结财产的规定》第十四条　对被执行人与其他人共有的财产，人民法院可以查封、扣押、冻结，并及时通知共有人。

共有人协议分割共有财产，并经债权人认可的，人民法院可以认定有效。查封、扣押、冻结的效力及于协议分割后被执行人享有份额内的财产；对其他共有人享有份额内的财产的查封、扣押、冻结，人民法院应当裁定予以解除。

共有人提起析产诉讼或者申请执行人代位提起析产诉讼的，人民法院应当准许。诉讼期间中止对该财产的执行。

【案例9-3】签订合同时，不知有其他共有人，可否主张合同撤销？

⬤ **案情简介**　2013年5月22日，J公司作为甲方，D公司作为乙方，签订《土地使用权转让协议》，约定J公司将河南省某处土地转让给D公司。同日，双方签订《补充协议》，其中第3.1条约定，J公司负责协调土地共有人建行某支行同意土地分割事宜，D公司予以配合。合同签订后，D公司按照约定的时间和金额，支付了相应款项。D公司签订《土地使用权转让协议》及《补充协议》后，为推进扩建项目，与第三方签订多份合同。后根据郑州市国土资源局印发的文件要求D公司在做用地单位申请时需提供建行某支行、三幢住宅楼全体业主等其他共有人同意分割转让的意见（所有业主一致意见需经街道办事处盖章确认）。因D公司无法取得全体业主等共有人同意分割转让的意见，引起诉讼，D公司请求判令解除双方签订的《土地使用权转让协议》及《补充协议》，同时要求J公司返还土地转让款并赔偿其赔偿经济损失。

◉ **律师指引** 本案之所以会发生是因为D公司在与J公司签订《土地使用权转让协议》及《补充协议》时未完全告知D公司案涉土地的共有人情况。在案件审理的过程中,人民法院查明案涉地产今已存在500余名共有人,其中部分共有人无法取得联系,取得全体共有人同意分割过户的意见仅存在理论上的可能性,且投入成本巨大,对D公司而言不具备现实的可操作性。根据双方所签协议的内容可知,D公司的目的是为了取得案涉土地的建设用地使用权,依据本案已查明的事实和本案的客观实际,双方签订的合同的目的已经无法实现,《土地使用权转让协议》及《补充协议》应当依法解除,同时,鉴于J公司在与D公司签订合同时,未如实告知D公司共有人情况,致使D公司受到损失,理应对D公司进行赔偿。

虽然本案D公司打赢了官司,但D公司从双方合作开始付出的时间、精力无法挽回,这也提醒广大读者朋友,一定要对交易标的物进行全面了解才能进行交易。同时,在设计合同的时候也要提高对对方如实告知义务和相应违约责任的重视。

◉ **法律应用**《民法典》第三百零一条 处分共有的不动产或者动产以及对共有的不动产或者动产作重大修缮、变更性质或者用途的,应当经占份额三分之二以上的按份共有人或者全体共同共有人同意,但是共有人之间另有约定的除外。

《民法典》第五百条 当事人在订立合同过程中有下列情形之一,造成对方损失的,应当承担赔偿责任:

第九章 共有部分

（一）假借订立合同，恶意进行磋商；

（二）故意隐瞒与订立合同有关的重要事实或者提供虚假情况；

（三）有其他违背诚信原则的行为。

《民法典》第五百六十三条 有下列情形之一的，当事人可以解除合同：

（一）因不可抗力致使不能实现合同目的；

（二）在履行期限届满前，当事人一方明确表示或者以自己的行为表明不履行主要债务；

（三）当事人一方迟延履行主要债务，经催告后在合理期限内仍未履行；

（四）当事人一方迟延履行债务或者有其他违约行为致使不能实现合同目的；

（五）法律规定的其他情形。

以持续履行的债务为内容的不定期合同，当事人可以随时解除合同，但是应当在合理期限之前通知对方。

《民法典》第五百六十六条 合同解除后，尚未履行的，终止履行；已经履行的，根据履行情况和合同性质，当事人可以请求恢复原状或者采取其他补救措施，并有权请求赔偿损失。

合同因违约解除的，解除权人可以请求违约方承担违约责任，但是当事人另有约定的除外。

主合同解除后，担保人对债务人应当承担的民事责任仍应当承担担保责任，但是担保合同另有约定的除外。

【案例9-4】商标共有人之一是否有权以普通许可的方式单独第三方使用商标？

⊙ **案例简介** 张某与朱某共同成立N公司，由于双方产生矛盾，公司无法继续经营，双方对N公司进行清算。在公司清算纠纷中，经人民法院主持调解，张某和朱某达成了调解协议。调解书中明确约定"田霸"商标归张某和朱某共同所有。在N公司清算之后，张某才得知朱某在N公司清算之前，在张某毫不知情的情况下，利用其担任N公司法定代表人的职务便利，擅自将"田霸"商标转让给了朱某成立的田霸公司。为此张某就朱某擅自转让商标行为向法院提起诉讼，要求确认转让行为无效。

⊙ **律师指引**《中华人民共和国商标法》虽规定了商标权可以有两个以上的自然人、法人或者其他组织共有，但对商标权共有人权利行使的一般规则没有做出具体规定。一般认为，商标权作为一种私权，在商标权共有的情况下，其权利行使的规则应遵循意思自治原则，由共有人协商一致行使；不能协商一致，又无正当理由的，任何一方共有人不得阻止其他共有人以普通许可的方式许可他人使用该商标。这主要是为了实现商标的使用价值，但是需要注意的是，这里针对的只是商标的一般许可，如果是排他许可或者商标转让，则需要征得商标共有权人的同意。

⊙ **法律应用**《中华人民共和国商标法》第五条 两个以上的自然人、法人或者其他组织可以共同向商标局申请注册同一商标，共同享有和行使该商标专用权。

第九章 共有部分

【案例 9-5】房屋仅登记在一人名下的,其他共有人是否可以主张房屋转让行为无效?

▶ **案情介绍** 2012年7月31日,徐某红和江苏N置业有限公司签订《商品房买卖合同》一份,约定徐某红向江苏N置业有限公司购买华鼎星城房屋一套,后该房屋登记在徐某红名下。2016年1月4日,严某斌向人民法院提起诉讼,要求确认该房屋为严某斌和李某所有。后经人民法院主持调解,双方达成如下协议"坐落于某市华鼎星城房屋系严某斌、徐某红共同购买,各占的份额另行确定",该院依法做出民事调解书予以确认。

2016年9月23日,徐某红与赵某伟签订《房地产买卖契约》一份,约定徐某红向赵某伟作价170万元出售华鼎星城房屋。合同签订后,赵某伟按约支付170万元,并办理了产权变更登记手续,案涉房屋登记在赵某伟、汤某萍名下。严某斌、李某认为赵某伟与徐某红之间的买卖房屋的行为无效,遂诉至人民法院。

▶ **律师指引** 处分共有的不动产,应当经全体共同共有人同意。但本案中,赵某伟购房时,案涉房屋登记在徐某红名下,赵某伟客观上不能知悉严某斌、徐某红共有案涉房屋的事实,主观上为善意。赵某伟以170万元价格购买案涉房屋,并已支付对价,价格合理,不存在主观恶意。案涉房屋已经办理产权变更登记,赵某伟已经成为案涉房屋的产权人,否认房屋买卖行为不利于保护善意购买人的合法权益,不利于维护市场交易安全。

▶ **法律指引** 《民法典》第三百一十一条 无处分权人将不动产或

者动产转让给受让人的，所有权人有权追回；除法律另有规定外，符合下列情形的，受让人取得该不动产或者动产的所有权：

（一）受让人受让该不动产或者动产时是善意；

（二）以合理的价格转让；

（三）转让的不动产或者动产依照法律规定应当登记的已经登记，不需要登记的已经交付给受让人。

受让人依据前款规定取得不动产或者动产的所有权的，原所有权人有权向无处分权人请求损害赔偿。

当事人善意取得其他物权的，参照适用前两款规定。

第十章 所有权取得的特别规定部分

107 捡到的东西都属于遗失物吗？

对于捡的物品应区分其为遗失物还是废弃物。遗失物是指非故意抛弃而丢失的物品。废弃物是故意抛弃之物。丢失遗失物的人，称遗失物丢失人。如果拾得的是遗失物，知道遗失物所有人的，应当及时通知其领取，或者送交遗失物；不知道遗失物丢失人的，可以张贴招领告示，寻找遗失物丢失人。也可以将遗失物上缴公安机关或者有关单位。

那么如何判断捡到的东西是遗失物还是废弃物呢。一般可以从物品价值、现状等方面进行判断。

108 捡到遗失物后，在交还失主的过程中又丢了，怎么办？

捡到别人遗失的物品，基于该行为对遗失物应当承担及时返还和妥善保管的义务，若基于故意或重大过失致使该物损毁灭失的应当承担民事赔偿责任。至于具体赔偿金额，则要看失主举证证明遗失物的价值了。《民法典》第三百一十六条规定，拾得人在遗失物送交有关部门前，有关部门在遗失物被领取前，应当妥善保管遗失物。因故意或者重大过失致使遗失物毁损、灭失的，应当承担民事责任。

109 遗失物不易保管或者保管费过高怎么办？

如果遗失物不易保管或者保管费过高，拾得人可以将遗失物上缴公安机关或者有关单位，公安机关可以及时拍卖、变卖，保存价金。除此之外，拾得人和有关单位不能自行拍卖、变卖遗失物。

110 滴滴司机归还乘客遗失物时可以收费吗？

拾金不昧是中华民族的传统美德，拾得人依法不能向遗失物所有人索取报酬，也不能因为遗失物所有人未支付报酬而绝不交付遗失物。但拾得人可以向遗失物所有人主张因拾得遗失物、寻找遗失物丢失人、保管遗失物而实际支付的费用，这一部分费用可以按无因管理请求遗失物所有人支付。《民法典》第三百一十七条第一款规定，权利人领取遗失物时，应当向拾得人或者有关部门支付保管遗失物等支出的必要费用。

111 以为是无主物，后发现是他人遗失物的，可以要求权利人支付保管、养护等费用吗？

依据《民法典》第四百六十条规定，不动产或者动产被占有人占有的,权利人可以请求返还原物及其孳息;但是,应当支付善意占有人因维护该不动产或者动产支出的必要费用。但必要费用的主张有一定的时间限制,占有人应在发现权利人后即向权利人返还原物,此后占有人的行为为无权占有,对于无权占有期间产生的各项费用,权利人可以不承担。

112 捡到遗失物拒不归还会受到刑事处罚吗?

拾得人隐匿遗失物据为己有的,构成侵犯所有权。遗失物所有人可以请求拾得人偿还,公安机关可以责令拾得人交出。拾得人丧失报酬和费用请求权。拾得人将数额较大的遗失物占为己有,拒不交出构成犯罪的,处二年以上五年以下有期徒刑,并处罚金。依据《中华人民共和国刑法》规定,将代为保管的他人财物非法占为己有,数额较大,拒不退还的,处二年以下有期徒刑、拘役或者罚金;数额巨大或者有其他严重情节的,处二年以上五年以下有期徒刑,并处罚金。将他人的遗忘物或者埋藏物非法占为己有,数额较大,拒不交出的,依照前款的规定处罚。

113 从他人处买来的物品被证明是第三人遗失物的,需要返还吗?

出让人让与的动产若是货币或者无记名有价证券之外的遗失物,遗失人有权向善意取得人请求返还原物。善意取得人应当返还,善意取得人返还后可以向让与人追偿。倘若该遗失物是由善意取得人在拍卖市场、公共市场或者在贩卖与其物同类之物的商人处购得的,遗失人需偿还其购买之价金,方能取回其物。遗失物若是货币或者无记名有价证券,遗失人无权向善意取得人请求返还原物,只能向出让人请求返还同种类物或者请求其他赔偿。

114 从荒地里挖出来的金子应该归谁?

依据《中华人民共和国金银管理条例》第十三条:"一切出土无主金银,均为国家所有,任何单位和个人不得熔化、销毁或占有。"如果是从荒地里挖出来的金子,则可以推定属于无主金银,应归国家所有。

115 帮他人找回悬赏公告中的遗失物的,是否可以要求对方按照悬赏公告支付赏金?

依据《民法典》第三百一十七条第二款规定,权利人悬赏寻找遗失物的,领取遗失物时应当按照承诺履行义务。

116 遗失物如果没有人认领,最终会怎么处理?

依据《民法典》第三百一十八条规定,遗失物自发布招领公告之日起一年内无人认领的,归国家所有。

117 未对储藏间的转让做明确约定时,储藏间的所有权归谁所有?

在当事人未进行特别约定的情况下,主房屋转让,作为从物的储藏间未进行不动产登记，根据交易习惯，储藏间一般随同主房屋转移至新所有权人。如双方特别约定储藏间不随同转让，从常理来看，应在合同中进行特别的声明或者约定储藏间仍归原所有权人所有。

118 什么是孳息？孳息应该归谁所有？

孳息是指由原物所产生的额外收益，如树上结的果子，母羊生下的小羊，银行存款产生的利息等都是孳息。孳息可以分为天然孳息和法定孳息两种。其中，天然孳息是指依据物的自然性能或者物的变化规律而取得的收益，如母鸡生的蛋。法定孳息是指因法律规定产生了从属关系，物主因出让所属物一定期限内的使用权而得到的收益，如存款利息。

至于孳息的归属，依据《民法典》第三百二十一条规定，天然孳息，由所有权人取得；既有所有权人又有用益物权人的，由用益物权人取得。当事人另有约定的，按照其约定。法定孳息，当事人有约定的，按照约定取得；没有约定或者约定不明确的，按照交易习惯取得。

【案例 10-1】房屋中隐藏物会随着房屋转让而转移所有权吗？

● 案情介绍　因观某生前无子女，一直由村委会依"五保户"待遇对其进行扶养。观某去世后，村委会将其财产收归集体所有，并将其生前居住地出卖给汪某。后汪某又将该房屋转卖给了詹某。2015年1月8日，詹某在将该屋拆除时，在房屋背面墙体内发现一圆形铁筒（直径约5厘米、长度约50厘米），铁筒内装有"大头"银圆、"小头"银圆、"墨西哥"银圆等各式银圆共计128块。在知悉此事后，汪某认为这些银圆应归其所有并向人民法院提起民事诉讼。

◐ **律师指引** 对于公民挖掘、发现的埋藏物、隐藏物,如果能够证明其所有,而且根据现行的法律、政策又可以归其所有的,可以归其所有。所有人不明的埋藏物、隐藏物,归国家所有。本案中,原、被告双方所诉争的银圆属于隐藏物,隐藏物不因其所藏匿的房屋的转让而转移所有权,房屋所有权的变更不影响银圆隐藏人对其享有的所有权,无论是谁所掘获银圆,该银圆仍应当归隐藏人所有,或由其法定继承人依法继承。本案中,观某生前并无子女,没有法定继承人可依法继承,汪某、詹某向法院提交的证据也不足以证明其就是该隐藏物的合法所有人,故人民法院最终驳回了原告的诉请。

◐ **法律应用**《民法典》第三百一十九条 拾得漂流物、发现埋藏物或者隐藏物的,参照适用拾得遗失物的有关规定。法律另有规定的,依照其规定。

《民法典》第一千一百二十三条 继承开始后,按照法定继承办理;有遗嘱的,按照遗嘱继承或者遗赠办理;有遗赠扶养协议的,按照协议办理。

第一千一百六十条 无人继承又无人受遗赠的遗产,归国家所有,用于公益事业;死者生前是集体所有制组织成员的,归所在集体所有制组织所有。

【案例 10-2】捡到遗失物后产生孳息的,孳息归谁所有?

◐ **案情介绍** 2018 年 3 月,X 合作社饲养的野猪中一头怀孕母野猪丢失。该野猪跑到李某的果园处,李某发现后,与其弟弟将该野猪抓回家中并进行饲养,母野猪在李某及其妻子的饲养下生下七头小猪息。X合作社于2018年5月发现野猪在李某家中，遂要求李某返还野猪崽及猪崽。

➡ **律师指引** 根据《民法典》第一百零七条"所有权人或者其他权利人有权追回遗失物"及第一百一十六条"天然孳息，由所有权人取得"的规定，L合作社对其丢失的母野猪及母野猪生下的7头猪崽有要求李某返还的权利。

➡ **法律应用** 《民法典》第三百一十二条 所有权人或者其他权利人有权追回遗失物。该遗失物通过转让被他人占有的，权利人有权向无处分权人请求损害赔偿，或者自知道或者应当知道受让人之日起二年内向受让人请求返还原物；但是，受让人通过拍卖或者向具有经营资格的经营者购得该遗失物的，权利人请求返还原物时应当支付受让人所付的费用。权利人向受让人支付所付费用后，有权向无处分权人追偿。

第三百二十一条第一款 天然孳息，由所有权人取得；既有所有权人又有用益物权人的，由用益物权人取得。当事人另有约定的，按照其约定。

【案例10-3】明知房屋已经由他人占有使用却不做查明，并以明显低价成交的，是否能以善意取得主张房屋所有权？

➡ **案情介绍** 唐某以280511元的价格从S公司购买了房屋两套，在S公司向其交付了房屋后，唐某将房屋出租给第三人使用，但一直未办理房地产权证。后S公司又与公司监事杨某就上述房屋签订了《商品房买卖合同》,杨某取得案涉房屋的房地产权证后,以185000元的价格将房屋出售给曾某并办理了房屋产权证变更。唐某知悉此事后,向人民法院提起诉讼,要求确定房屋权属。

● 律师指引 《民法典》第三百一十一条规定 无处分权人将不动产或者动产转让给受让人的,所有权人有权追回;除法律另有规定外,符合下列情形的,受让人取得该不动产或者动产的所有权:(一)受让人受让该不动产或者动产时是善意的;(二)以合理的价格转让;(三)转让的不动产或者动产依照法律规定应当登记地已经登记,不需要登记的已经交付给受让人。

善意取得应当同时具备上述三个条件。曾某虽对产权登记进行了审查,但存在以下不符合法律规定的善意情形:(1)案涉房屋一直由唐某与承租户签订租赁合同。按正常购买二手房的交易习惯,购买租赁期内的房屋,买受人应当对租赁状况予以谨慎审查,对出租者的身份进行实地了解。本案没有证据显示曾某对此进行了核实,存在重大过失。(2)S公司于2009年4月出售与案涉房屋相邻车库的价格高于杨某、曾某签订的《商品房买卖合同补充协议》所确定的购房价,曾某支付的价款低于同地段同类型房屋7年前的标准,与我国房地产交易市场呈上升势态相悖,不能认定曾某支付了合理对价。故曾某的购房行为不构成善意。

依上分析,杨某与曾某主观上存在恶意串通损害唐某合法利益的情形,曾某的购房行为不构成善意取得,双方就案涉房屋签订的《商品房买卖合同》应为无效。

● 法律应用 《民法典》第三百一十一条 无处分权人将不动产

第十章 所有权取得的特别规定部分

或者动产转让给受让人的,所有权人有权追回;除法律另有规定外,符合下列情形的,受让人取得该不动产或者动产的所有权:

(一)受让人受让该不动产或者动产时是善意;

(二)以合理的价格转让;

(三)转让的不动产或者动产依照法律规定应当登记的已经登记,不需要登记的已经交付给受让人。

受让人依据前款规定取得不动产或者动产的所有权的,原所有权人有权向无处分权人请求损害赔偿。

当事人善意取得其他物权的,参照适用前两款规定。

第十一章 用益物权

第一节 用益物权的概念和范围确定

119 什么是用益物权？

用益物权，特指为一定目的或在特定范围内在非属于自身之物上依照法律规定或者合同约定所设立的，以使用、收益等为目的的他物权。用益物权的设立是基于所有权的行使而派生出来的，依据《民法典》物权编用益物权分编的规定，用益物权包括但不限于土地承包经营权，建设用地使用权，宅基地使用权，居住权，地役权，海域使用权，探矿权，采矿权，取水权和使用水域、滩涂从事养殖捕捞的权利等。

120 国有和集体所有的自然资源范围包括什么，其用益物权的取得主体有哪些？

《大英百科全书》将自然资源定义为泛指存在于自然界、能为人类

第十一章　用益物权

利用的自然条件（自然环境要素）。据此可知，自然资源主要包括土地资源、矿物资源、水资源、气候资源等。依据《中华人民共和国宪法》规定，矿藏、水流、森林、山岭、草原、荒地、滩涂等自然资源都属于国家所有，即全民所有；由法律规定属于集体所有的森林和山岭、草原、荒地、滩涂除外。对于自然资源的占有、使用和收益只能通过依法设立用益物权的方式予以实现，任何单位和个人均有权依法占有、使用和收益。

121 可以无偿使用国家的自然资源吗？

依据《民法典》的规定，国家对于自然资源的使用采取的是"有偿使用为原则，无偿使用为例外"的制度。有偿使用是指国家为了保障自然资源可持续利用，向使用自然资源的单位和个人依法收取资源使用费的制度。国家基于公共利益、公共建设的共有共享的属性，在自然资源有偿使用的基础上，通过划拨等无偿取得土地等方式自然资源使用权，以保障公共建设的共享利益。

122 用益物权人如何行使权利？

用益物权作为标准的物权，一经设立，权利人便在法律规定的范围内享有使用、收益和占有的权利。用益物权人行使用益物权的权利自由不受任何人的干涉，但是用益物权人行使用益物权时必须遵循诚实信用原则、社会公共利益原则，不得违反法律规定非法行使用益物权。由于用益物权主要是在自然资源所有权上设立的权利，从自然资源保护角度出发，对于用益物权的行使应严格禁止权利的滥用，以避免对自然资源的破坏。《民法典》第三百二十六条规定，"用益物权人行使权利，应当遵守法律有关保护和合理开发利用资源、保护生态环境的规定。"

123 个人对土地和房屋享有的权利什么情况下会灭失？什么情况下会受到影响？可以获得哪些补偿？

用益物权作为依托于物的所有权之上的他物权，物的所有权发生变化，用益物权必然随之发生变化。一般情况下，由于不动产或者动产被征收、征用的，用益物权都会归于消灭。即使用益物权不会因征收、征用归于消灭的，但由于征收、征用的目的往往是为了公共利益的需要或者抢险救灾等紧急需要，其与用益物权设立存在一定冲突之处，也会对用益物权的行使产生影响。依据《民法典》《中华人民共和国土地管理法》的规定，为了公共利益的需要，依照法律规定的权限和程序可以征收集体所有的土地和组织、个人的房屋以及其他不动产。征收集体所有的土地，应当足额支付土地补偿费、安置补助费、地上附着物和青苗的补偿费等费用，安排被征地农民的社会保障费用，保障被征地农民的生活，维护被征地农民的合法权益。征收单位、个人的房屋及其他不动产，应当依法给予拆迁补偿，维护被征收人的合法权益。征收个人住宅的，还应当保障被征收人的居住条件。任何单位和个人不得贪污、挪用、私分、截留、拖欠征收补偿费等费用。基于抢险、救灾等紧急需要，依照法律规定的权限和程序可以征用单位、个人的不动产或者动产。被征用的不动产或者动产使用后，应当返还被征用人。单位、个人的不动产或者动产被征用或者征用后毁损、灭

第十一章 用益物权

失的，应当给予补偿。

124 用益物权与担保物权的区别？

用益物权与担保物权都是设立在物的所有权基础上的定限物权，用益物权设立的目的是为了实现物的使用和收益的价值和属性。而担保物权是为了补充担保债权的实现而设立的物权，两者设立的目的有根本性的区别。

【案例 11-1】合同约定的房屋使用权受到侵害，能通过用益物权纠纷主张权利吗？

● 案情介绍　某县广播电视局因工程项目欠付某施工队工程款 37 万余元，施工队的李某承接了该债权。由于资金缺口无力支付，广播电视局与李某签订了《还款协议书》，约定将五间门面房的使用权折价抵偿工程款，抵偿期限为 70 年。又过了几年，该县人民政府将门面房所在的办公楼划在了征收补偿范围内，县广播局依此领取了 600 万元补偿款。李某将广播电视局告上了法庭，主张该局侵犯其用益物权，征收补偿款的相应部分应归其所有。

● 律师指引　用益物权是非所有人对他人所有的不动产或者动产依法所享有的占有、使用和收益的权利。法律明确规定的用益物权种类是土地承包经营权、建设用地使用权、宅基地使用权、地役权、海域使用权、探矿权、采矿权、取水权和使用水域、滩涂从事养殖、捕捞的权利。(《民法典》新规定了居住权）除此之外，当事人签订合同

115

约定的其他类型的使用权属于合同纠纷,而不是用益物权纠纷,只能根据合同法的规定处理。某县广播电视局与李某签订的《还款协议书》是基于拖欠工程款而形成的合同,属于明确双方权利义务关系的一般合同。尽管李某据此协议书取得了五间门面的使用权,拥有表面意义上与用益物权相同的"占有、使用"的权利,但门面的所有权人始终是广播电视局。协议书中约定的使用权也不属于法律规定的用益物权,因此李某不能依此合同主张行使用益物权并获得征收补偿。

⊙ **法律应用** 《民法典》第一百一十六条 物权的种类和内容,由法律规定。

【案例11-2】土地使用权被他人强行占有怎么办?

⊙ **案情介绍** 被告卜某在其丈夫焦某去世后改嫁他人,经A村村委会调解,卜某与丈夫的家人达成协议,不再耕种其家庭承包的土地。但卜某仍长期强行侵占土地进行耕种,拒不返还,焦家的家庭成员依据家庭承包土地承包经营权起诉至法院,要求卜某立即停止侵害、排除妨害。

⊙ **律师指引** 根据《民法典》第二百三十六条规定:"妨害物权或者可能妨害物权的,权利人可以请求排除妨害或者消除危险。"《中华人民共和国土地管理法》第十二条规定:"依法登记的土地的所有权和使用权受法律保护,任何单位和个人不得侵犯。"原告焦家人作为A村集体经济组织成员,A村村委会为发包方,已将土地发包给原告承包耕种,A县政府已向原告颁发了《农村土地承包经营权证》。《中华

第十一章 用益物权

人民共和国农村土地承包法》第五条规定:"任何组织和个人不得剥夺和非法限制农村集体经济组织成员承包土地的权利。"同时第二十三条规定:"承包合同自成立之日起生效。承包方自承包合同生效时取得土地承包经营权。"原告请求的土地已登记在原告的承包经营权证上,原告享有承包经营权,土地使用权属明确。根据调解协议,被告卜某不再享有争议土地的使用权,被告改嫁后也不属《农村土地承包经营权证》上的家庭成员,原属于其前夫焦某的土地使用权只能归原家庭成员享有,被告不享有争议的土地使用权,其继续耕种的行为,属于侵权行为。原告焦家人可以要求卜某立即停止侵害、排除妨害。

● **法律应用** 《民法典》第二百三十六条 妨害物权或者可能妨害物权的,权利人可以请求排除妨害或者消除危险。

《中华人民共和国土地管理法》第十二条 土地的所有权和使用权的登记,依照有关不动产登记的法律、行政法规执行。

依法登记的土地的所有权和使用权受法律保护,任何单位和个人不得侵犯。

《中华人民共和国农村土地承包法》第五条 农村集体经济组织成员有权依法承包由本集体经济组织发包的农村土地。

任何组织和个人不得剥夺和非法限制农村集体经济组织成员承包土地的权利。

第二十三条 承包合同自成立之日起生效。承包方自承包合同生效时取得土地承包经营权。

【案例11-3】出现"一地两证"的情况怎么办？

> **案情介绍** 2001年，某市开发区某村村民陈某通过林改承包经营该村集体荒山52亩，并办理了林权证。2011年，该市某生态产业公司（以下简称"某公司"）通过林地流转方式，租赁某村750亩林地种植油茶，并随后办理了林权证，该林权证确定的林地范围包括陈某承包经营的山场范围，但是未经陈某同意。2012年，某公司开始在流转的林地上种植油茶，陈某提出异议，但某公司未予理会。2015年，陈某在某公司种植的油茶林中种植白茶。陈某应当如何维护自己的林地承包经营权？

> **律师指引** 某公司于2011年与陈某所在的某村签订林地租赁合同并办理了林权证。因此，某公司通过债权关系取得林地的用益物权，即自主经营权，经依法登记受法律保护。

然而，租赁标的林地中包含了早在2001年陈某通过林改承包同样依法取得林权证并已经营10年的山场，对此未经陈某同意。根据《民法典》第三百三十二条规定，林地的承包期为三十年至七十年。根据《中华人民共和国农村土地承包法》的规定：承包合同自成立之日起生效。承包方自承包合同生效时取得土地承包经营权。土地承包经营权流转的主体是承包方。承包方有权依法自主决定土地承包经营权是否流转和流转的方式。土地承包经营权流转应当遵循平等协商、自愿、有偿原则，任何组织和个人不得强迫或者阻碍承包方进行土地承包经营权流转；国家保护集体土地所有者的合法权益，保护承包方的土地承包经营权，任何组织和个人不得侵犯。显然，某村作为发包方，明知陈某对山场具有承包经营权，未经陈某同意，与某公司签订的林地租赁合同流转了陈某承包的林地的使用权,侵犯了陈某的土地承包权。反之,某公司对此不知情,且没有法律上的查证义务,作为善意一方享有租赁合同形成的相关权利。所以,应由过错方某村对陈某承担租赁合同引发的侵权责任。故陈某应当提起侵权之诉,认定某村侵权的事实。

某公司在租赁的林地上种植油茶,遭到陈某的异议。林权证一经核发就具有法律效力,权利人的合法权益受法律保护,任何单位和个人不得侵犯。陈某与某公司同为山场的使用权人,两者之间不存在法律关系。针对某公司在后取得的林权,陈某应当向有关部门提起确权申请。在陈某、某公司各自持有的林权证在没有被原发证机关依法宣布无效或者撤销之前,双方所持有的林权证都合法有效。双方都享有其林权证范围内的林地经营权,且受现行法律的严格保护,任何单位和个人不得侵犯。

● **法律应用** 《中华人民共和国农村土地承包法》

第八条 国家保护集体土地所有者的合法权益,保护承包方的土地承包经营权,任何组织和个人不得侵犯。

第十条 国家保护承包方依法、自愿、有偿流转土地经营权,保护土地经营权人的合法权益,任何组织和个人不得侵犯。

第二十三条 承包合同自成立之日起生效。承包方自承包合同生效时取得土地承包经营权。

第三十六条 承包方可以自主决定依法采取出租(转包)、入股或者其他方式向他人流转土地经营权,并向发包方备案。

第三十八条 土地经营权流转应当遵循以下原则:

(一)依法、自愿、有偿,任何组织和个人不得强迫或者阻碍土地经营权流转；

（二）不得改变土地所有权的性质和土地的农业用途，不得破坏农业综合生产能力和农业生态环境；

（三）流转期限不得超过承包期的剩余期限；

（四）受让方须有农业经营能力或者资质；

（五）在同等条件下，本集体经济组织成员享有优先权。

第五十七条 发包方有下列行为之一的，应当承担停止侵害、排除妨碍、消除危险、返还财产、恢复原状、赔偿损失等民事责任：

（一）干涉承包方依法享有的生产经营自主权；

（二）违反本法规定收回、调整承包地；

（三）强迫或者阻碍承包方进行土地承包经营权的互换、转让或者土地经营权流转；

（四）假借少数服从多数强迫承包方放弃或者变更土地承包经营权；

（五）以划分"口粮田"和"责任田"等为由收回承包地搞招标承包；

（六）将承包地收回抵顶欠款；

（七）剥夺、侵害妇女依法享有的土地承包经营权；

（八）其他侵害土地承包经营权的行为。

第六十条 任何组织和个人强迫进行土地承包经营权互换、转让或者土地经营权流转的，该互换、转让或者流转无效。

【案例 11-4】土地转让合同无效，受让人可以主张自己享有土地承包经营权吗？

▶ **案情介绍** 张某与某村村民委员会签订《土地承包合同》，由张某承包牧业村位于南环路边的土地，承包土地面积共 420 亩。合同另约定：如张某要将承包土地转让给他人，必须征得村民委员会批准，否则村民委员会有权收回土地。之后，张某口头将案涉的 200 亩土地转让给了赵某，赵某支付了相应的土地转让款，张某办理了变更手续，但张某仍实质在该土地上作业，赵某故诉至法院，主张其土地承包经营权的占有、使用权受到侵犯。

▶ **律师指引** 依据《中华人民共和国农村土地承包法》第四十条第一款的规定，土地承包经营权采取转让方式流转，当事人应当签订书面合同。《最高人民法院关于审理涉及农村土地承包经营权纠纷案件适用法律问题的解释》第十三条规定："承包方未经发包方同意，采取转让方式流转其土地承包经营权的，转让合同无效。"转让合同无效的，不发生物权转让的法律效果。张某未经某村民委员会同意，向赵某转让土地承包经营权，违反法律强制性规定，双方之间口头订立的转让合同无效，并根据"关于合同无效"的法律规定，应当认定张某与赵某就合同无效均存在过错，各自承担相应的法律责任。赵某没有取得土地承包经营权，因此不能主张相应权利，赵某的诉讼请求无法得到支持。

▶ **法律应用** 《中华人民共和国农村土地承包法》第四十条　土地经营权流转，当事人双方应当签订书面流转合同。

土地经营权流转合同一般包括以下条款：

（一）双方当事人的姓名、住所；

（二）流转土地的名称、坐落、面积、质量等级；

（三）流转期限和起止日期；

（四）流转土地的用途；

（五）双方当事人的权利和义务；

（六）流转价款及支付方式；

（七）土地被依法征收、征用、占用时有关补偿费的归属；

（八）违约责任。

承包方将土地交由他人代耕不超过一年的，可以不签订书面合同。

《最高人民法院关于审理涉及农村土地承包纠纷案件适用法律问题的解释》第十三条 承包方未经发包方同意，转让其土地承包经营权的，转让合同无效。但发包方无法定理由不同意或者拖延表态的除外。

第二节 土地承包经营权的形成和权利行使

125 土地承包经营权形成和行使的法律规定？

土地承包经营权是农民对集体所有或国家所有的依法由农民集体使用的土地所享有的承包经营权，土地承包经营权的权利内容由合同约定。承包经营权是存在于集体所有或国家所有的土地或森林、山岭、草原、荒地、滩涂、水面的权利。依据《民法典》第三百三十条的规定，农民集体所有和国家所有由农民集体使用的耕地、林地、草地以及其他用于农业的土地，依法实行土地承包经营制度。

126 土地承包经营权人享有的权利有哪些?

土地承包经营权人依法对其承包经营的耕地、林地、草地等享有占有、使用和收益的权利,有权在承包经营的耕地、林地、草地等从事种植业、林业、畜牧业等农业生产。虽然土地承包经营权的设立依据合同约定,但上述权利作为土地承包权中最基础的法定权利,不得随意变更。《民法典》第三百三十九条规定:"土地承包经营权人可以自主决定依法采取出租、入股或者其他方式向他人流转土地经营权。"土地经营权人有权在合同约定的期限内占有农村土地,自主开展农业生产经营并取得收益,并有权因征收而获得补偿。

127 土地承包期一般是多久?

由于不同土地的使用属性与自然属性不同,结合自然资源的有序可持续发展和利用的原则,不同的土地其承包期各有不同。《民法典》中规定耕地的承包期为三十年;草地的承包期为三十年至五十年;林地的承包期为三十年至七十年。承包期届满,由土地承包经营权人按照国家有关规定继续承包。土地承包经营权虽然属于有期物权,但根据当前关于保持土地承包关系稳定并长久不变的意见精神,土地承包经营权在无法定特殊情况出现时会保持长期而又稳定的状态。

128 土地承包经营权怎样设立、确认?

土地承包经营权的设立应当由发包方与承包方签订书面承包合同,承包合同一般包括以下内容:(1)发包方、承包方的名称,发包方负责人和承包方代表的姓名、住所；（2）承包土地的名称、坐落、面积、质量等级；（3）承包期限和起止日期；（4）承包土地的用途；（5）发包方和承包方的权利和义务；（6）违约责任。土地承包经营权自承包经营合同签订时设立，承包人自合同签订时取得土地承包经营权。登记机构应当向土地承包经营权人发放土地承包经营权证、林权证等证书，并登记造册，确认土地承包经营权。对土地承包经营权的确认是为了更好地保护土地承包经营权人的合法权益得以实现，免受不法侵害，并非是对土地承包权取得效力的明确。

129 家庭承包的土地承包经营权怎样流转？

依据《中华人民共和国农村土地承包法》的规定，承包方之间为方便耕种或者各自需要，可以对属于同一集体经济组织的土地的土地承包经营权进行互换；经发包方同意，承包方可以将全部或者部分土地承包经营权转让给本集体经济组织的其他农户，由该农户同发包方确立新的承包关系，原承包方与发包方在该土地上的承包关系即行终止；承包方可以自主决定依法采取出租（转包）、入股或者其他方式向他人流转土地经营权。土地经营权流转应当遵循以下原则：（一）依法、自愿、有偿，任何组织和个人不得强迫或者阻碍土地经营权流转；（二）不得改变土地所有权的性质和土地的农业用途，不得破坏农业综合生产能力和农业生态环境；（三）流转期限不得超过承包期的剩余期限；（四）受让方须有农业经营能力或者资质；（五）在同等条件下，本集体经济组织成员享有优先权。土地经营权流转的价款归承包方所有，任何组织和个人不得擅自截留、扣缴。土地经营权流转，当事人应当签订书面流转合同。土地经营权流转期限为五年以上的，当事人可以向登记机构申请土地经营权登记。未经登记，不得对抗善意第三人。

130 土地经营权互换、转让事项如何进行登记？

土地经营权流转原则上要签订书面流转协议，但承包农户仅将土地交由他人代耕不超过一年的，可以不签订书面协议。土地承包经营权因互换、转让事项的发生而签订书面流转合同的，基于权利保障的需要，当事人可以向登记机构申请登记；未经登记，不得对抗善意第三人。流转期限为五年以上的土地经营权，自流转合同生效时设立。当事人可以向登记机构申请土地经营权登记；未经登记，不得对抗善意第三人。

131 土地经营权的再流转如何进行？

简单地说，土地经营权的再流转就是原农户承包地流转后，受让方再次通过出租、转包、入股等方式二次流转土地经营权的交易行为。根据《中华人民共和国农村土地承包法》的规定，国家允许农村土地经营权的再流转，但由于土地经营权流转不改变农户与发包方之间的承包关系，农户对土地仍应承担相应的维护义务，为保护农户的合法利益和知情权，受让方再次流转土地经营权必须先取得承包农户的书面同意，并报本集体经济组织备案。根据《民法典》第一百五十三条的规定，未经承包农户书面同意的再次流转行为无效。因此，投资方若采取此种方式"取得"土地，在签订书面协议前，应要求受让方提供原承包农户同意再次流转的书面文件，并报集体经济组织备案。

132 农村土地承包合同能否随意变更或解除?

《中华人民共和国农村土地承包法》特别明确,承包合同生效后,发包方不得因承包人或者负责人的变动而变更或解除,也不得因集体经济组织的分立或者合并而变更或者解除;国家机关及其工作人员不得利用职权干涉农村土地承包或者变更、解除承包合同。这为土地承包经营权的稳定提供了有力的法律保障。只有在承包合同当事人之间达成协商一致的基础上或者法律明确规定的前提下,承包合同方可以变更或解除。

133 承包期内,发包方能否因承包方进城落户而收回承包地?

根据《中华人民共和国农村土地承包法》规定,承包期内,发包方不得收回承包地。国家保护进城农户的土地承包经营权。不得以退出土地承包经营权作为农户进城落户的条件。承包期内,承包农户进城落户的,引导支持其按照自愿有偿原则依法在本集体经济组织内转让土地承包经营权或者将承包地交回发包方,也可以鼓励其流转土地经营权。承包期内,承包方交回承包地或者发包方依法收回承包地时,承包方对其在承包地上投入而提高土地生产能力的,有权获得相应的补偿。

134 承包期内,发包方在哪种情形下可以调整承包地?

承包期内,发包方不得调整承包地。因自然灾害严重毁损承包地等特殊情形对个别农户之间承包的耕地和草地需要适当调整的,必须经本集体经济组织成员的村民会议三分之二以上成员或者三分之二以上村民代表的同意,并报乡(镇)人民政府和县级人民政府农业农村、林业和草原等主管部门批准。承包合同中约定不得调整的,按照其约定。此处需特别强调的一点是对于承包地的调整必须是适当的、个别的调整,不得因特殊情形的出现对本集体内承包地大范围调整或彻底重新调整。集体经济组织依法预留的机动地;通过依法开垦等方式增加的土地;发包方依法收回和承包方依法、自愿交回的土地应当用于调整承包土地或者承包给新增人口。

135 征收承包地的补偿如何处理?

为了公共利益的需要,依照法律规定的权限和程序可以征收集体所有的土地和单位、个人的房屋及其他不动产。征收集体所有的土地,应当依法足额支付土地补偿费、安置补助费、农村村民住宅、其他地上附着物和青苗的补偿费等费用,安排被征地农民的社会保障费用,保障被征地农民的生活,维护被征地农民的合法权益。农村村民住宅,应当按照先补偿后搬迁、居住条件有改善的原则,尊重农村村民意愿,采取重新安排宅基地建房、提供安置房或者货币补偿等方式给予公平、合理的补偿,并对因征收造成的搬迁、临时安置等费用予以补偿,保障农村村民居住的权利和合法的住房财产权益。任何单位和个人不得贪污、挪用、私分、截留、拖欠征收补偿费等费用。

136 妇女结婚,原承包地在什么情况下不得收回?

为了保障妇女合法权益,按照法律规定,承包期内,妇女结婚,在新居住地未取得承包地的,发包方不得收回其原承包地;妇女离婚或者丧偶,仍在原居住地生活或者不在原居住地生活但在新居住地未取得承包地的,发包方不得收回其原承包地。

137 本集体经济组织以外的单位和个人能否承包本经济组织的土地?

本集体经济组织以外的单位或者个人如承包农村土地的,应当事先经本集体经济组织成员的村民会议三分之二以上成员或者三分之二以上村民代表的同意,并报乡(镇)人民政府批准。由本集体经济组织以外的单位或者个人承包的,应当对承包方的资信情况和经营能力进行审查后,再签订承包合同。

【案例 11-5】农村土地承包权能不能作为遗产继承?

▶ **案情介绍** 李某祥与李某梅系姐弟关系。农村土地实行第一轮家庭承包经营时,李某祥、李某梅及其父李某云、母周某某共同生活。当时,李某云家取得了 6.68 亩土地的承包经营权。此后李某梅、李某祥相继结婚并各自组建家庭。至 1995 年农村土地实行第二轮家庭承包经营时,当地农村集体经济组织对李某云家庭原有 6.68 亩土地的承包经营权重新予以划分,李某祥家庭取得了 1.8 亩土地的承包经营权,李某梅家庭取得了 3.34 亩土地的承包经营权,李某云家庭取得了 1.54 亩土地的承包经营权,三个家庭均取得了相应的《承包经营权证书》。1998 年 2 月,李某云将其承包的 1.54 亩土地流转给本村村民芮某某经营,流转协议由李某梅代签。2004 年 11 月 3 日和 2005 年 4 月 4 日,李某云、周某某夫妇相继去世。此后,李某云家庭原承包的1.54亩土地的流转收益被李某梅占有。李某祥向法院提起诉讼,要求判令李某祥对该1.54亩土地享有继承权,判令李某梅向李某祥交付该部分土地。

● **律师指引** 根据《中华人民共和国农村土地承包法》第三条第二款的规定:"农村土地承包采取农村集体经济组织内部的家庭承包方式,不宜采取家庭承包方式的荒山、荒沟、荒丘、荒滩等农村土地,可以采取招标、拍卖、公开协商等方式承包。"《中华人民共和国农村土地承包法》第十六条的规定:"家庭承包的承包方是本集体经济组织的农户。农户内家庭成员依法平等享有承包土地的各项权益。"其本质特征是以本集体经济组织内部的农户家庭为单位实行农村土地承包经营。因此,这种形式的农村土地承包经营权只能属于农户家庭,而不可能属于某一个家庭成员。根据《民法典》第一千一百二十二条的规定,遗产是自然人死亡时遗留的个人合法财产。农村土地承包经营权不属于个人财产,故不发生继承问题。当承包农地的农户家庭中的一人或几人死亡,承包经营仍然是以户为单位,承包地仍由该农户的其他家庭成员继续承包经营;当承包经营农户家庭的成员全部死亡,由于承包经营权的取得是以集体成员权为基础,该土地承包经营权归于消灭,农地应收归农村集体经济组织另行分配,不能由该农户家庭成员的继承人继续承包经营。

本案中的土地承包经营权属于李某云家庭,系家庭承包方式的承包,因此,李某云夫妇死亡后,讼争土地应收归当地农村集体经济组织另行分配,不能由李某云夫妇的继承人继续承包,更不能将讼争农地的承包权作为李某云夫妇的遗产处理。

> **法律应用** 《中华人民共和国农村土地承包法》第三条 国家实行农村土地承包经营制度。

农村土地承包采取农村集体经济组织内部的家庭承包方式，不宜采取家庭承包方式的荒山、荒沟、荒丘、荒滩等农村土地，可以采取招标、拍卖、公开协商等方式承包。

第十六条：家庭承包的承包方是本集体经济组织的农户。

农户内家庭成员依法平等享有承包土地的各项权益。

《民法典》第一千一百二十二条 遗产是自然人死亡时遗留的个人合法财产。

依照法律规定或者根据其性质不得继承的遗产，不得继承。

【案例11-6】林地承包经营权能不能作为遗产继承？

> **案情介绍** 吴某万与陈某香系夫妻关系，生育原告吴某平、吴某伟。吴某万系沙子镇盘龙村赵家坪组（原栗新乡红坡村四组）村民。吴某万农户于1983年落实林业责任制时在沙子镇盘龙村赵家坪组（原栗新乡红坡村四组）齐坪处承包了一人的林地，其四至界限为东至沟脚，南当沟直上梁，西至滚梁，北挨罗来艮界。吴某万与陈某香于1984年5月结婚后主要在女方居住，吴某万承包的土地、山林交由其父吴某庭耕种和保管。2002年5月，吴某万因病去世，吴某万农户绝户。2002年8月2日，原红坡村四组与刘某太农户签订《土地山林转包合同书》，约定将吴某万农户的山林土地发包给刘某太农户承包经营，其中第二条约定山林的四至界限以吴某万的林权证为准，或者以罗来艮的第一次林权证为准。该林地由刘某太农户执业至今。2009年，集体林权制度改革时，原吴某万农户承包的齐坪处的山林仍登记在吴某万

第十一章　用益物权

农户名下。2012年10月，陈某香向赵家坪组主张要求继承原吴某万农户承包经营的齐坪处的林地承包经营权无果后，提起起诉。

◆ **律师指引**　根据《最高人民法院关于审理涉及农村土地承包纠纷案件适用法律问题的解释》第二十三条第一款规定："林地家庭承包中，承包方的继承人请求在承包期内继续承包的，应予支持。"《中华人民共和国农村土地承包法》第三十二条规定："承包人应得的承包收益，依照继承法的规定继承。林地承包的承包人死亡，其继承人可以在承包期内继续承包。"主要是考虑到林地投资周期长、见效慢的特殊性。如果不允许林地继承，不利于调动承包人积极性，可能出现乱砍滥伐破坏生态的情况。因此，林地承包人死亡的，其继承人可以在承包期内继续承包，无论继承人另有林地承包经营权或是在另一农村集体经济组织落户，还是取得城市户口在城市就业，在承包期内都有权继承。如果所有的继承人都不愿意继续承包，还可以转让经营权，把转让费作为遗产处理。

在本案中，吴某万农户在吴某万死亡后绝户且其承包的林地在其死亡时还在承包期内的事实各方不争。那么吴某万农户绝户后，在吴某万有继承人的情况下就具备了继承人继承吴某万生前享有的林地承包经营权的基本前提，陈某香系吴某万的妻子，吴某平系吴某万的女儿，吴某伟系吴某万的儿子，均系吴某万的合法的遗产继承人，其有权继承吴某万生前承包的林地的承包经营权。因此，陈某香、吴某伟、吴某平要求继承该林地承包经营权，应当支持。

◆ **法律应用**　《中华人民共和国农村土地承包法》第三十二条承包人应得的承包收益，依照继承法的规定继承。

林地承包的承包人死亡，其继承人可以在承包期内继续承包。

《最高人民法院关于审理涉及农村土地承包纠纷案件适用法律问题的解释》第二十三条 林地家庭承包中，承包方的继承人请求在承包期内继续承包的，应予支持。

其他方式承包中，承包方的继承人或者权利义务承受者请求在承包期内继续承包的，应予支持。

【案例 11-7】承包人户籍农转非后，其享有的土地承包经营权怎么办？

● 案情介绍 陈某某代表全家四口人，以某村民委员会第一村民小组村民（户别为农业户口）的身份，与村民小组签订农业承包合同，承包了该组村民所有的旱地。后来，该地区人民政府给陈某某发放了《土地承包经营权证》，确认了农业承包合同关系。2002年1月21日，陈某某一家迁往城市居住，户别也转为非农业户。陈某某一家迁出后，村民小组就将陈某某一家原来承包的土地调整给其他村民。2002年7月23日，某食品公司与该村村民委员会签订《土地征用协议》，征用了陈某某一家原来承包的旱地，支付了土地补偿款、安置款及青苗补偿款。村民委员会和村民小组按比例将补偿款分发给被征用土地的各户村民，但未分给陈某某一家，因此引起纠纷。陈某某提起诉讼，要求村民小组、村民委员会向陈某某支付土地征用补偿款、安置款共计17400元。

● 律师指引 根据《中华人民共和国农村土地承包法》第二十七条规定，承包期内，发包方不得收回承包地。承包期内，承包方全家迁入小城镇落户的，应当按照承包方的意愿，保留其土地承包经营权或者允许其依法进行土地承包经营权流转。承包期内，承包方全家迁入设区的市，转为非农业户口的，应当将承包的耕地和草地交回发包方。承包方不交回的，发包方可以收回承包的耕地和草地。农民到城市落户，是社会发展趋势，然而适合小城镇特点的社会保障制度还在积极探索和建立中。目前农民进入小城镇后，无论户口类别是否改变，都还不能确保享受到基本生活保障。《中华人民共和国农村土地承包法》之所以规定"承包方全家迁入小城镇落户的，应当按照承包方的意愿，保留其土地承包经营权或者允许其依法进行土地承包经营权流转"，主要是考虑土地是农民的基本生活保障，农民进入小城镇后的基本生活保障尚未落实时，如果收回他们的承包地，可能使他们面临生活困难。

在本案中，《土地承包经营权证》证明，陈某某一家在其村一组承包了土地，承包期至2028年12月31日。在承包期内，陈某某一家的土地承包经营权依法应当受到保护。陈某某一家的户口虽然迁离后应当按照其意愿保留土地承包经营权，或者允许其依法进行土地承包经营权的流转。村民委员会和村民小组没有证据证明陈某某承包的旱地已经在征用前被调整给其他村民，即使能证明此事属实，这种做法也不能受到法律保护。因此，陈某某诉请比照其他村民的标准获得征地补偿款符合法律规定，应当支持。

● 法律应用《中华人民共和国农村土地承包法》第二十七条 承包期内，发包方不得收回承包地。

国家保护进城农户的土地承包经营权。不得以退出土地承包经营权作为农户进城落户的条件。

承包期内，承包农户进城落户的，引导支持其按照自愿有偿原则依法在本集体经济组织内转让土地承包经营权或者将承包地交回发包方，也可以鼓励其流转土地经营权。

承包期内，承包方交回承包地或者发包方依法收回承包地时，承包方对其在承包地上投入而提高土地生产能力的，有权获得相应的补偿。

【案例11-8】土地承包经营权的流转有什么要求？

> **案情介绍** 袁某和枚某签订书面土地流转《协议书》，约定袁某将自己承包的9.5挑责任田与枚某承包的9挑责任田进行互换。2014年初，袁某在从枚某互换而来的责任田上实施建房，枚某通过村民小组群众进行阻止。之后因为改扩建工程建设，占用被告枚某与原告袁某互换的承包地0.104亩，占地补偿款1400元，被告枚某领到征地补偿款后拒绝交给原告袁某，并继续和村民一起对原告的建房行为进行阻止。原告袁某遂起诉至法院。

> **律师指引** 根据《中华人民共和国农村土地承包法》第三十三条规定，承包方之间为方便耕种或者各自需要，可以对属于同一集体经济组织的土地的承包经营权进行互换并向发包方备案。该法第三十八条第二项规定，不得改变土地所有权的性质和土地的农业用途。

本案的土地流转协议中，其中一份协议载明是"为建房需要"而进行互换，另一份土地流转协议书虽然没有载明流转土地的用途，但袁某实际实施了建房行为，因此，袁某是为建房需要与枚某签订《农村土地流转协议》，进行土地承包经营权流转，违反了《中华人民共和国农村土地承包法》关于"不得改变土地的农业用途"的强制性规定。根据《民法典》第一百四十三条规定，具备下列条件的民事法律行为有效：（一）行为人具有相应的民事行为能力；（二）意思表示真实；（三）不违反法律、行政法规的强制性规定，不违背公序良俗。袁某和枚某为建房需要互换土地的行为因违反了法律的强制性规定无效，因此，袁某与枚某签订的土地流转协议应属无效合同。

● 法律应用 《中华人民共和国农村土地承包法》第三十三条 承包方之间为方便耕种或者各自需要，可以对属于同一集体经济组织的土地的土地承包经营权进行互换，并向发包方备案。

第三十八条 土地经营权流转应当遵循以下原则：

（一）依法、自愿、有偿，任何组织和个人不得强迫或者阻碍土地经营权流转；

（二）不得改变土地所有权的性质和土地的农业用途，不得破坏农业综合生产能力和农业生态环境；

（三）流转期限不得超过承包期的剩余期限；

（四）受让方须有农业经营能力或者资质；

（五）在同等条件下，本集体经济组织成员享有优先权。

《民法典》第一百四十三条 具备下列条件的民事法律行为有效：

（一）行为人具有相应的民事行为能力；

（二）意思表示真实；

（三）不违反法律、行政法规的强制性规定，不违背公序良俗。

【案例 11-9】开荒地归开荒人所有，还是归村农民集体所有？

◯ **案情介绍** 1975年，张某在某村上河水库内开荒形成了0.3亩土地。1999年，该村村委将包括原告开荒的0.3亩土地在内的3.5亩开荒地统一收回，同时，与本村村民隋某签订了上河水库承包合同，将上河水库及水库内的开荒地一并发包给隋某经营30年。2007年，张某诉至法院，要求隋某返还诉争土地并承担土地使用费3000元。

◯ **律师指引**《中华人民共和国土地管理法》第九条规定："农村和城市郊区的土地，除由法律规定属于国家所有的以外，属于农民集体所有。"第十一条规定："农民集体所有的土地依法属于村农民集体所有的，由村集体经济组织或者村民委员会经营、管理。"虽然根据《中华人民共和国土地管理法》的有关规定，国家鼓励单位和个人开发未利用土地，依法保护开发者的合法权益，但是，本案中的张某已经耕种开荒地二十年左右的时间，且耕种期间的收益均归其所有，在村委会统一收回该土地前，其权益已经得到应有的保障。依照上述法律规定，案涉土地属于村农民集体所有，作为经营管理人的村委会，在张某实际耕种二十年左右后收回该土地进行经营管理，并发包给本村村民，符合法律规定。

◯ **法律应用**《中华人民共和国土地管理法》第九条 城市市区的土地属于国家所有。

农村和城市郊区的土地，除由法律规定属于国家所有的以外，属于农民集体所有；宅基地和自留地、自留山，属于农民集体所有。

第十一条 农民集体所有的土地依法属于村农民集体所有的，由村集体经济组织或者村民委员会经营、管理；已经分别属于村内两个以上农村集体经济组织的农民集体所有的，由村内各该农村集体经济组织或者村民小组经营、管理；已经属于乡（镇）农民集体所有的，由乡（镇）农村集体经济组织经营、管理。

第三节 建设用地使用权的管理和权利行使

138 什么叫作建设用地使用权？

建设用地是指建造建筑物、构筑物的土地，包括城乡住宅和公共设施用地、工矿用地、交通水利设施用地、旅游用地、军事设施用地等。建设用地使用权是建设用地使用权人基于建设用地使用权的取得而依法对国家所有的土地享有占有、使用和收益的权利，有权利用该土地建造建筑物、构筑物及其附属设施。建设用地使用权可以在土地的地表、地上或者地下分别设立。新设立的建设用地使用权，不得损害已设立的用益物权。

139 如何取得建设用地使用权？

根据《民法典》第三百四十七的规定："设立建设用地使用权，可以采取出让或者划拨等方式。"可见建设用地使用权的取得一般通过两种方式，一种是出让等有偿使用方式，此种方式取得的土地使用权采取有期限使用制度。土地使用权出让，是指国家将国有土地使用权（以下简称土地使用权）在一定年限内出让给土地使用者，由土地使用者向国家支付土地使用权出让金的行为。土地使用权出让，可以采取拍卖、招标或者双方协议的方式。工业、商业、旅游、娱乐和商品住宅等经营性用地以及同一土地有两个以上意向用地者的，应当采取招标、拍卖等公开竞价的方式出让；一种是划拨方式取得，通过划拨方式取得的土地使用权除法律、行政法规另有规定外，没有使用期限的限制。土地使用权划拨，是指县级以上人民政府依法批准，在土地使用者缴纳补偿、安置等费用后将该幅土地交付其使用，或者将土地使用权无偿交付给土地使用者使用的行为。《民法典》还规定应当严格限制以划拨方式设立建设用地使用权。划拨方式取得建设用地使用权的仅限于以下情况：（1）国家机关用地和军事用地；（2）城市基础设施用地和公益事业用地；（3）国家重点扶持的能源、交通、水利等基础设施用地；（4）法律、行政法规规定的其他用地。

⑭⓪ 建设用地使用权合同的签订应包含哪些基本内容？

通过招标、拍卖、协议等出让方式设立建设用地使用权的，当事人应当采取书面形式订立建设用地使用权出让合同。签订建设用地使用权出让合同时，合同内容一般包括下列条款：（1）当事人的名称和住所；（2）土地界址、面积等；（3）建筑物、构筑物及其附属设施占用的空间；（4）土地用途、规划条件；（5）使用期限；（6）出让金等费用及其支付方式；（7）解决争议的方法。除此之外，当事人可根据合同具体情况约定包括违约责任、土地交付标准等内容。

第十一章　用益物权

141 建设用地使用权人建造的设施权属问题如何确定？

基于建设用地使用权人有权利用建设用地建造建筑物、构筑物及其附属设施的规定，建设用地使用权人利用该土地建造的建筑物、构筑物及其附属设施的所有权理所当然属于该建设用地所有权人，但亦有例外，如建设用地使用权人在利用该土地建造建筑物、构筑物及其附属设施前后与他人约定部分或全部建筑物、构筑物及其附属设施所有权归属于他人的，依据该约定，该土地上建造的建筑物、构筑物及其服务设施则不当然属于建设用时使用权人所有。需特别注意的是，只有合法建造的建筑物、构筑物及其附属设施才存在法律意义上的合法的所有权的产生。

142 建设用地使用权如何流转？变更登记如何办理？

建设用地使用权一经设立即受法律保护，其作为用益物权的一种，建设用地使用权人对其享有使用、收益及依法处置的权利。权利人处置其享有的建设用地使用权可采取转让、互换、出资、赠与或者抵押的方式。由于建设用地使用权取得与设立的方式有两种，对于出让方式取得并设立的建设用地使用权与通过划拨方式取得的建设用地使用权的流转规定有所区别。对于划拨方式取得的建设用地使用权，流转需通过行政审批，并交纳相应土地出让金或者土地收益。《中华人民共和国城市房地产管理法》第四十条规定："以划拨方式取得土地使用权的，转让房地产时，应当按照国务院规定，报有批准权的人民政府审批。有批准权的人民政府准予转让的，应当由受让方办理土地使用权出让手续，并依照国家有关规定缴纳土地使用权出让金。以划拨方式取得土地使用权的，转让房地产报批时，有批准权的人民政府按照国务院规定决定可以不办理土地使用权出让手续的，转让方应当按照国务院规定将转让房地产所获收益中的土地收益上缴国家或者作其他处理。"第五十一条规定，设定房地产抵押权的土地使用权是以划拨方式取得的，依法拍卖该房地产后，应当从拍卖所得的价款中缴纳相当于应缴纳的土地使用权出让金的款额后，抵押权人方可优先受偿。"以上对于以划拨方式取得的土地使用权进行流转时的明确规定，除此之外，《民法典》关于担保的规则对此亦有相应规定。对于出让方式取得的建设用地使用权在流转时亦应具备相应条件。例如《中华人民共和国城市房地产管理法》第四十条规定："以出让方式取得土地使用权的，转让房地产时，应当符合下列条件：（1）按照出让合同约定已经支付全部土地使用权出让金，并取得土地使用权证书；（2）按照出让合同约定进行投资开发，属于房屋建设工程的，完成开发投资总额的百分之二十五以上，属于成片开发土地的，形成工业用地或者其他建设用地条件。转让房地产时房屋已经建成的，还应当持有房屋所有权证书。"同时《城市房地产管理法》对于不能直接进入流转的建设用地使用权范围也做了明确具体的规定，该法第三十八条规定："下列房地产，不得转让：（1）以出让方式取得土地使用权的，不符合本法第三十九条规定的条件的；（2）司法机关和行政机关依法裁定、决定查封或者以其他形式限制房地产权利的；（3）依法收回土地使用权的；（4）共有房地产，未经其他共有人书面同意的；（5）权属有争议的；（6）未依法登记领取权属证书的；（7）法律、行政法规规定禁止转让的其他情形。"上述七种情形下建设用地使用权是不能直接流转的。无论建设用地使用权通过何种方式流转，均应采取书面形式订立相应的合同。其使用期限由出让方和受让方予以约定，但约定的使用期限不得超过建设用地使用权的剩余期限。建设用地使用权流转后,应当向原登记机构申请变更登记。

143 建设用地使用权发生流转,其建筑物等设施是否发生一并流转的法律效力?

遵循"房地一体"的基本原则与物理属性,结合我国关于"土地使用权"、"房屋"等建筑物所有权的相关规定,土地使用权与地上建筑物等设施在确定其权属时是无法也不能将地和房分别确定给不同的主体的。故在建设用地使用权发生流转时其建筑物等设施同时发生流转的法律效力。反之亦然,建筑物等设施发生流转时对应的建设用地使用权亦发生流转的法律效力。

144 建设用地使用权能否提前收回?应如何补偿?已缴纳的出让金是否退还?

原则上讲,国家对土地使用者依法取得的土地使用权,在出让合同约定的使用年限届满前不收回建设用地使用权,但建设用地使用权作为他物权,其设立通常通过合同形式予以体现,建设用地使用权人对建设用地使用权的行使亦需遵守合同约定与法律规定。据此,建设用地使用权在符合或具备一定条件时,是可以提前收回的,但根据收回的理由或原因的不同,对建设用地使用权收回后的处理方式是有所区别的。例如根据《中华人民共和国城市房地产管理法》第二十六条规定,通过出让方式取得土地使用权进行房地产开发的,超过出让合同约定的动工开发日期满二年未动工开发的,可以无偿收回土地使用权。如出现违反合同约定的动工期限满二年的，其建设用地使用权可以收回，且不予任何形式的补偿，已缴纳的土地出让金亦不退回。但出现违反合同约定的动工期限满二年的原因是基于不可抗力或者政府、政府有关部门的行为或者动工开发必需的前期工作造成动工开发迟延所造成的，建设用地使用权不得收回。而根据《中华人民共和国城市房地产管理法》第二十条规定，在特殊情况下，根据社会公共利益的需要，可以依照法律程序提前收回，并根据土地使用者使用土地的实际年限和开发土地的实际情况给予相应的补偿。对于补偿范围和方式，《民法典》(物权编)明确，因公共利益需要提前收回该土地的，应当依法给予拆迁补偿，维护被征收人的合法权益；征收个人住宅的，还应当保障被征收人的居住条件。并退还相应的出让金。

145 建设用地使用权期间届满的如何处理？

按照建筑物类型的不同，其建设用地使用权的期限各有不同，根据《城镇国有土地使用权出让和转让暂行条例》第十二条规定，居住用地的使用期限为七十年；工业用地为五十年；教育、科技、文化、卫生、体育用地为五十年；商业、旅游、娱乐用地为四十年；综合或者其他用地为五十年。结合《民法典》以及《中华人民共和国城市房地产管理法》的相关规定，对于土地使用期限届满后的处理，针对土地性质的不同做了不同的规定，对于住宅用地明确了一个原则，即住宅建设用地使用权期间届满的，自动续期。续期费用的缴纳或者减免，依照法律、行政法规的规定办理。对于非住宅建设用地使用权期间届满后的续期，土地使用者需要继续使用土地的，应当至迟于届满前一年申请续期，除根据社会公共利益需要收回该幅土地的，应当予以批准。

经批准准予续期的，应当重新签订土地使用权出让合同，依照规定支付土地使用权出让金。土地使用权出让合同约定的使用年限届满，土地使用者未申请续期或者虽申请续期但依照前款规定未获批准的，土地使用权由国家无偿收回。该土地上的房屋及其他不动产的归属，有约定的，按照约定；没有约定或者约定不明确的，依照法律、行政法规的规定办理。

【案例 11-10】国有土地使用权如何设立？

● 案情介绍　某区国土局公开出让包括某镇某大道与某路交叉口东北地块的国有土地使用权。汤某某向某区国土局递交《竞买申请书》，申请参加竞买。最终汤某某竞得该地块、交付了出让金并与某区国土局签订了《国有建设用地使用权出让合同》。国土局也在其网站上公布出让结果，确定案涉土地竞得人为汤某某。之后，汤某某因与第三人等多人民间借贷，案涉土地使用权被某市中级人民法院查封。汤某某还在案涉土地上以自己的名义办理了《建设用地规划许可证》《建设工程规划许可证》与《建设工程施工许可证》，要求某区国土局以汤某某的名义办理土地使用权证，某区国土局拒绝办理，汤某某遂提起诉讼，请求确认案涉土地使用权归其所有。

● 律师指引　根据《中华人民共和国城镇国有土地使用权出让和转让暂行条例》第十六条"土地使用者在支付全部土地使用权出让金后，应当依照规定办理登记，领取土地使用证，取得土地使用权"之规定，国有土地使用权应自领取或者颁发土地使用权证时取得。

本案中，因案涉土地出让金没有全部缴纳，汤某某尚未取得土地使用权证，故其请求确认其为案涉土地合法使用权人的主张不能成立。

◉ **法律应用** 《中华人民共和国城镇国有土地使用权出让和转让暂行条例》第十六条 土地使用者在支付全部土地使用权出让金后，应当依照规定办理登记，领取土地使用证，取得土地使用权。

【案例11-11】收回国有土地使用权如何赔偿？

◉ **案情介绍** 某县国土局举行土地竞标出让会，A公司中标。县国土局与A公司签订《国有土地使用权出让合同》。后因规划修改，需从A公司中标的土地中划出1.1万余平方米给客运公司建停车场。故重新签订国有土地转让合同，为弥补A公司损失，某县城建局对客运站北扩项目规划做出修改，A公司实际建设面积比原规划面积增加1873.08平方米。A公司向县政府邮寄申请补偿的相关材料，县政府一直未予答复。A公司遂提起诉讼，请求判令被告补偿垫付的拆迁成本并补偿可得利益损失。

◉ **律师指引** 根据《中华人民共和国行政许可法》第八条规定，为了公共利益的需要，行政机关可以依法变更或者撤回已经生效的行政许可，由此给公民、法人或者其他组织造成财产损失的，行政机关应当依法给予补偿。本案中，县政府及其职能部门因公共利益需要，决定改变原规划，从A公司中标的土地中划出11491.37平方米，无偿划拨给客运公司作为建设停车场用地。县政府、县国土局、县城建局因改变土地利用规划、收回部分土地给A公司造成的财产损失，依法应当给予行政补偿，具体补偿数额应当以改变规划收回土地给A公司造成的实际损失为准确定。

● 法律应用 《中华人民共和国行政许可法》第八条 公民、法人或者其他组织依法取得的行政许可受法律保护,行政机关不得擅自改变已经生效的行政许可。

行政许可所依据的法律法规、规章修改或者废止,或者准予行政许可所依据的客观情况发生重大变化的,为了公共利益的需要,行政机关可以依法变更或者撤回已经生效的行政许可。由此给公民、法人或者其他组织造成财产损失的,行政机关应当依法给予补偿。

【案例11-12】建设用地使用权如何转让?

● 案情介绍 A公司与B公司在土地转让事宜上达成口头协议。A公司以每亩23万元(含办土地证费用)的价格,从B公司处转让取得约13亩土地。A公司分别于同年3月31日、4月8日、7月6日向被告支付定金20万元、土地款100万元、80万元,共计200万元。2009年7月6日,根据B公司的要求,A公司出具"借条"一张,双方约定余款等土地过户后,双方清算后再支付。后两方共同至规划部门设计厂区总平面图,明确双方土地面积、四至范围及动工建设等指标情况。根据规划设计,A公司动工建造厂房,年底竣工并投入使用。2010年至今,该13亩土地的城镇土地使用税由A公司交纳。但B公司一直以种种理由拖延办理土地转让过户手续。A公司认为,B公司将受让取得的国有土地使用权转让、交付给其使用,并收取原告支付的价款,土地转让关系明确,B公司违反双方约定,在条件成就、时机成熟的情况下,仍不协助办理房产证、土地证过户手续,不承担相关税费，是违约行为。

> **律师指引** 根据《民法典》第三百四十八条："采取招标、拍卖、协议等出让方式设立建设用地使用权的，当事人应当采取书面形式订立建设用地使用权出让合同。"同时《民法典》第三百四十九条规定："设立建设用地使用权的，应当向登记机构申请建设用地使用权登记。建设用地使用权自登记时设立。"

本案中两公司未签订书面合同，且至原审法庭辩论终结前双方对是否转让过土地、转让土地面积、单价、土地四至、土地交付使用期限仅有单方陈述，不能形成一致意见，A公司要求确认讼争的国有土地使用权归其所有和享有，要求B公司协助其办理上述土地转让和变更登记手续的诉讼请求缺乏事实及法律依据，应不予支持。

> **法律应用** 《民法典》第三百四十八条【建设用地使用权出让合同】通过招标、拍卖、协议等出让方式设立建设用地使用权的，当事人应当采用书面形式订立建设用地使用权出让合同。

建设用地使用权出让合同一般包括下列条款：

（一）当事人的名称和住所；

（二）土地界址、面积等；

（三）建筑物、构筑物及其附属设施占用的空间；

（四）土地用途、规划条件；

（五）建设用地使用权期限；

（六）出让金等费用及其支付方式；

（七）解决争议的方法。

第三百四十九条【建设用地使用权的登记】设立建设用地使用权

的，应当向登记机构申请建设用地使用权登记。建设用地使用权自登记时设立。登记机构应当向建设用地使用权人发放权属证书。

【案例 11-13】非建设用地使用权人能否基于合法建造取得案涉房屋所有权？

● 案情介绍 2006 年 7 月 19 日，A 公司与 B 公司签订《时代广场 B、C 座项目联合开发合同书》，约定双方联建地下车库工程，联建面积 85000 平方米。B 公司提供建设项目用地、项目的规划审批手续和建筑设计方案及施工图纸，A 公司以人民币出资，承担项目设计蓝图内所有的建安费用。双方共同投资至本项目总价的 25%～30% 时，B 公司应无条件地将该项目过户给 C 公司，由 A 公司独自建设、经营、销售，收益归 C 公司所有。工程完工后，双方对建筑物权属产生争议，诉至法院。

● 律师指引《民法典》第三百五十二条规定："建设用地使用权人建造的建筑物、构筑物及其附属设施的所有权属于建设用地使用权人，但有相反证据证明的除外。"即建设用地使用权人建造的建筑物、构筑物及其附属设施的所有权一般属于建设用地使用权人。就本案而言，建设用地使用权证载明的权利人为 B 公司，并非 A 公司。其次，虽然《民法典》第二百三十一条规定"因合法建造、拆除房屋等事实行为设立或者消灭物权的，自事实行为成就时发生效力"，但合法建造取得物权应当包括两个前提条件：一是必须有合法的建房手续，完成特定审批，取得合法土地权利，符合规划要求；二是房屋应当建成。根据查明的事实，案涉房屋的国有土地使用权证、建筑用地规划许可证、建筑工程规划许可证、施工许可证等记载的权利人均为B公司。即在案涉房屋开发的立项、规划、建设过程中，B公司是相关行政审批机关确定的建设方，A公司仅依据其与B公司的联建协议，并不能直接认定其为《民法典》第二百三十一条规定的合法建造人，并因事实行为而当然取得物权。

● 法律应用 《民法典》第二百三十一条 【因事实行为发生物权变动】因合法建造、拆除房屋等事实行为设立或者消灭物权的，自事实行为成就时发生效力。

第三百五十二条 【建设用地使用权人建造的建筑物等设施的权属】建设用地使用权人建造的建筑物、构筑物及其附属设施的所有权属于建设用地使用权人，但是有相反证据证明的除外。

第四节　宅基地使用权的取得和管理

146 宅基地使用权人享有的权利有哪些？

宅基地使用权属于用益物权的一种，宅基地使用权范围一般为一家一户的农户居住生活的庭院用地。取得宅基地使用权的主体只能是农村集体经济组织的成员，其用途仅限于建造居住设施与建筑物，作为农村集体经济组织的成员，其第一次取得宅基地使用权时是无偿的，这也体现了国家对于农民居住条件的保障。一般来讲，宅基地使用权人对宅基地享有的权利包括以下内容：占有宅基地，并在宅基地上建造个人住宅以及与生活相关厨房、厕所等附属设施；宅基地使用权人有权通过在宅基地空闲处（有些地方将其称之为自留地）开展种植或者零星养殖而获得收益；宅基地使用权人有权依据法律规定出卖、出租宅基地上建造的住房，购买其宅基地使用权的受让人只能是本集体经济组织的成员。

147 宅基地使用权的取得、行使和转让，法律是如何规定的？

宅基地使用权的设立是为了保障农村集体经济组织的成员居住权的实现，我国对于宅基地使用权的设立实行的是"一户一宅"制，根据《中华人民共和国土地管理法》规定，农村集体经济组织的村民每户只能占有一处宅基地，设立的宅基地使用权面积不得超过省、自治区、直辖市规定的标准。农村村民申请住宅用地的，由乡（镇）人民政府审核批准，申请宅基地使用权如涉及占用农用地的，应当办理农用地转用审批手续。宅基地使用权只能在本经济集体组织成员内部流转，宅基地使用权人转让宅基地的，必须同时满足以下条件：(1) 转让人拥有二处以上的宅基地；(2) 转让人与受让人为同一集体经济组织内部的成员；(3) 受让人没有住房和宅基地，且符合宅基地使用权分配条件；(4) 转让行为征得集体经济组织同意。以上条件如有一条不能具备则宅基地转让行为应归为无效。宅基地转让、出租后，转让人或受让人不得再申请宅基地。鉴于我国人口众多而可供居住、种植、使用的土地较少，故对于土地管理一直秉持最为严格的管理制度且为了避免农民因宅基地转让而流离失所，我国明令禁止城镇居民购买宅基地。对于进城落户的农村村民国家允许其依法自愿有偿退出宅基地，同时鼓励农村集体经济组织及其成员盘活利用闲置宅基地和闲置住宅。

148 宅基地因自然灾害等不可抗力灭失后，村民权益如何保障？

"一户一宅"制度的设立，从根本上为了保障农民居住权的实现。但是由于一些自然灾害等不可抗力的出现，会导致宅基地灭失，宅基地因自然灾害等原因灭失的，宅基使用权消灭。如宅基地出现灭失情形，对于失去宅基地的村民，应当重新分配宅基地，以确保其基本居住权的实现。

149 农民转让自有宅基地的行为是否构成犯罪？

非法转让、倒卖土地使用权罪，是指以牟利为目的，违反土地管理法规，非法转让、倒卖土地使用权，情节严重的行为。《最高人民法院关于审理破坏土地资源刑事案件具体应用法律若干问题的解释》规定非法转让、倒卖土地使用权罪的立案标准为：（1）非法转让、倒卖基本农田五亩以上的；（2）非法转让、倒卖基本农田以外的耕地十亩以上的；（3）非法转让、倒卖其他土地二十亩以上的；（4）违法所得数额在五十万元以上的；（5）虽未达到上述数额标准，但因非法转让、倒卖土地使用权受过行政处罚二次以上，又非法转让、倒卖土地的；（6）造成恶劣影响的。

2013年11月12日党的十八届三中全会通过的《中共中央关于全面深化改革若干重大问题的决定》明确提出，要"赋予农民更多财产

第十一章　用益物权

权利……保障农户宅基地用益物权，改革完善农村宅基地制度，选择若干试点，慎重稳妥推进农民住房财产权抵押、担保、转让，探索农民增加财产性收入渠道。建立农村产权流转交易市场，推动农村产权流转交易公开、公正、规范运行。"中共中央、国务院2016年12月31日《关于深入推进农业供给侧结构性改革加快培育农业农村发展新动能的若干意见》中也提出，要"深化农村集体产权制度改革……认真总结农村宅基地制度改革试点经验，在充分保障农户宅基地用益物权、防止外部资本侵占控制的前提下，落实宅基地集体所有权，维护农户依法取得的宅基地占有和使用权，探索农村集体组织以出租、合作等方式盘活利用空闲农房及宅基地，增加农民财产性收入。允许地方多渠道筹集资金，按规定用于村集体对进城落户农民自愿退出承包地、宅基地的补偿。"从上述我国宅基地制度的政策导向来看，在从中央到地方均尝试为农村宅基地流转搭建良好的平台、积极放开政策性束缚的情况下，刑法不宜过度介入农村宅基地使用权流转这一尚未明朗的领域。

【案例11-14】能不能通过继承获得宅基地使用权？

● **案情介绍**　彭某宪、王某焕生前为董村村民，二人系夫妻并育有原告彭某云及二被告彭某林、彭某平，二人在董村后西三条街3号有宅院一处，登记户主为彭某宪，成员包括彭某宪、王某焕及原告、二被告。原告彭某云于1995年出嫁他处自该院落迁出，直至拆迁前并未在此院落居住生活，但户口一直未迁出董村。被告彭某平一直生活、居住于案涉宅院，直至拆迁，且在董村无其他宅基地。王某焕于1997年春去世，未留遗嘱。彭某宪于2012年7月26日去世，其在律师见证下于2011年8月12日立有遗嘱,针对案涉宅院内10间房屋,彭某宪将其中4间作为自己的财产处分给被告彭某林,其余6间作为王某焕遗产由4人继承,自己应继承部分给被告彭某平,其余按法定继承。2017年7月4日,被告彭某平与董村签订《产权置换补偿协议》,约定案涉宅基地上建筑物砖木架构房屋补偿60466元,砖混框架结构房屋补偿206880元,同时还对涉及的宅基地权益及过渡费、搬迁费、奖励费等进行了约定。被告彭某平实际领取拆迁补偿款3064591元。彭某云向法院起诉,主张彭某平应支付自己宅基地利益对应的补偿款。

> **律师指引**　根据《中华人民共和国土地管理法》第九条:"农村和城市郊区的土地,除由法律规定属于国家所有的以外,属于农民集体所有;宅基地和自留地、自留山,属于农民集体所有。"第六十二条规定:"农村村民一户只能拥有一处宅基地,农村村民住宅用地,由乡(镇)人民政府审核批准。"根据上述法律规定,农民获得宅基地使用权的合法途径为审批,而非继承,宅基地属集体所有,不能成为合法的继承财产。

本案案涉土地虽然登记在彭某宪名下,案涉宅基地虽然登记在彭某宪名下,但该宅基地使用权是以户为单位,即一同生活的彭某宪、王某焕、彭某林、彭某平所共有的。彭某云虽户口仍登记于董村,但其婚后出嫁别处,直至拆迁前并未在案涉宅基地上院落居住生活,已丧失了案涉宅基地的使用权,不属于应在董村获得宅基地权益的村民。因此彭某云不能获得宅基地使用权的利益,但该宅基地上所建10间房屋,依法属彭某宪、王某焕个人生前合法财产,受法律保护,可作为继承财产予以分割。故彭某云可以主张《产权置换补偿协议》中涉及的地上房屋及附属物的补偿款的相应部分。

第十一章 用益物权

● **法律应用** 《中华人民共和国土地管理法》第九条 城市市区的土地属于国家所有。

农村和城市郊区的土地，除由法律规定属于国家所有的以外，属于农民集体所有；宅基地和自留地、自留山，属于农民集体所有。

第六十二条 农村村民一户只能拥有一处宅基地，其宅基地的面积不得超过省、自治区、直辖市规定的标准。

人均土地少、不能保障一户拥有一处宅基地的地区，县级人民政府在充分尊重农村村民意愿的基础上，可以采取措施，按照省、自治区、直辖市规定的标准保障农村村民实现户有所居。

农村村民建住宅，应当符合乡（镇）土地利用总体规划、村庄规划，不得占用永久基本农田，并尽量使用原有的宅基地和村内空闲地。编制乡（镇）土地利用总体规划、村庄规划应当统筹并合理安排宅基地用地，改善农村村民居住环境和条件。

农村村民住宅用地，由乡（镇）人民政府审核批准；其中，涉及占用农用地的，依照本法第四十四条的规定办理审批手续。

农村村民出卖、出租、赠与住宅后，再申请宅基地的，不予批准。

国家允许进城落户的农村村民依法自愿有偿退出宅基地，鼓励农村集体经济组织及其成员盘活利用闲置宅基地和闲置住宅。

国务院农业农村主管部门负责全国农村宅基地改革和管理有关工作。

【案例 11-15】宅基地上房屋被征收后又在集体土地上新建，政府是否还有宅基地安置职责？

● **案情介绍** 某市国土资源局向吴某所在村组发布了《征收土地预告》，征收包含吴某宅基地在内 452 公顷土地，并在《征地公告》上载明了被征土地的位置、土地权属、地类、面积、征地拆迁补偿标准、补偿登记的时间、地点等事项。之后,吴某领取了相应的房屋拆迁补偿款等款项,其房屋亦已拆除。吴某又向该市政府寄出《请求实施征地拆迁补偿安置申请书》。因未得到答复,吴某遂向人民法院提起行政诉讼,请求判令某市政府履行安置其被征收的宅基地的义务。另查明,吴某于2011年在集体土地上已新建房屋一栋,但未办理相关手续。

◉ **律师指引**　本案争议的焦点是某市政府是否负有为吴某安置宅基地的职责,及某市政府是否已经履行安置义务。根据《中华人民共和国土地管理法》第六十二条规定:"农村村民一户只能拥有一处宅基地,其宅基地的面积不得超过省、自治区、直辖市规定的标准。"本案中,吴某原有宅基地上的房屋因修建高速公路被征收并拆除。现吴某已新建房屋一栋,其已经拥有一处宅基地,故其要求另行安置宅基地于法无据,吴某的主张不能得到支持。

◉ **法律应用**　《中华人民共和国土地管理法》第六十二条　农村村民一户只能拥有一处宅基地,其宅基地的面积不得超过省、自治区、直辖市规定的标准。

人均土地少、不能保障一户拥有一处宅基地的地区,县级人民政府在充分尊重农村村民意愿的基础上,可以采取措施,按照省、自治区、直辖市规定的标准保障农村村民实现户有所居。

农村村民建住宅,应当符合乡(镇)土地利用总体规划、村庄规划,不得占用永久基本农田,并尽量使用原有的宅基地和村内空闲地。编制乡(镇)土地利用总体规划、村庄规划应当统筹并合理安排宅基地用地,改善农村村民居住环境和条件。

第十一章 用益物权

农村村民住宅用地,由乡(镇)人民政府审核批准;其中,涉及占用农用地的,依照本法第四十四条的规定办理审批手续。

农村村民出卖、出租、赠与住宅后,再申请宅基地的,不予批准。

国家允许进城落户的农村村民依法自愿有偿退出宅基地,鼓励农村集体经济组织及其成员盘活利用闲置宅基地和闲置住宅。

国务院农业农村主管部门负责全国农村宅基地改革和管理有关工作。

【案例11-16】宅基地使用权如何转让?

◉ **案情介绍** 刘某与张某签订协议书一份,约定由上海市某镇某村1队刘某(以下简称甲方)将居住房屋卖与江苏省某县某乡某村徐巷小队张某(以下简称乙方)。(1)甲方现建房面积114.42平方米;(2)甲方现宅基地范围:东至房墙之中、南至房墙外侧4米止、西至房墙外侧止、北至房墙外侧1米止,总宅基地面积198.84平方米。甲方现将以上宅基地使用权转让给乙方。后该宅基地上房屋拆迁,双方因拆迁利益的分配产生争议。刘某主张张某侵犯其宅基地使用权并要求分割相应安置房购房指标。

◉ **律师指引** 《中华人民共和国土地管理法》第十二条规定:"土地所有权和使用权的登机,依照有关不动产登记的法律、行政法规执行。"《不动产登记暂行条例》第七条规定,不动产登记由不动产所在的县级人民政府不动产登记机构办理。《不动产登记暂行条例实施细则》关于宅基地使用权及房屋所有权的登记的规定明确依法取得宅基地使用权并登记的方式包括:取得宅基地使用权进行首次登记、依法继承、分家析产、集体经济组织内部互换房屋等导致宅基地使用权及房屋所有权发生转移申请登记的。农村宅基地使用权具有特定的人身属性，系集体经济组织无偿提供给本集体成员享有的，其取得和转让应当符合土地管理法等法律和国家有关规定。张某并非系争宅基地房屋所在地的集体成员，系争房屋相对应的宅基地使用权转让未经县级以上政府部门批准同意，事后也未办理相关更名手续，故从法律上并未实际成为系争宅基地的合法使用权人，遇拆迁时不能完全享有宅基地使用权的补偿。因此，刘某有权基于宅基地使用人权益分割拆迁利益。

● **法律应用**《中华人民共和国土地管理法》第十二条 土地的所有权和使用权的登记，依照有关不动产登记的法律、行政法规执行。

依法登记的土地的所有权和使用权受法律保护，任何单位和个人不得侵犯。

《不动产登记暂行条例》第七条 不动产登记由不动产所在地的县级人民政府不动产登记机构办理；直辖市、设区的市人民政府可以确定本级不动产登记机构统一办理所属各区的不动产登记。

跨县级行政区域的不动产登记，由所跨县级行政区域的不动产登记机构分别办理。不能分别办理的，由所跨县级行政区域的不动产登记机构协商办理；协商不成的，由共同的上一级人民政府不动产登记主管部门指定办理。

国务院确定的重点国有林区的森林、林木和林地，国务院批准项目用海、用岛，中央国家机关使用的国有土地等不动产登记，由国务院国土资源主管部门会同有关部门规定。

《不动产登记暂行条例实施细则》第四十二条 因依法继承、分家析产、集体经济组织内部互换房屋等导致宅基地使用权及房屋所有权

第十一章 用益物权

发生转移申请登记的，申请人应当根据不同情况，提交下列材料：

（一）不动产权属证书或者其他权属来源材料；

（二）依法继承的材料；

（三）分家析产的协议或者材料；

（四）集体经济组织内部互换房屋的协议；

（五）其他必要材料。

【案例 11-17】赠与宅基地上房屋需要注意什么？

◉ **案情介绍** 洪某军与洪某发系父子关系。洪某发与陈某治系夫妻关系。洪某发、陈某治作为赠与人与受赠人洪某军签订一份《赠与合同》，约定将坐落于某镇坑内村八组的房屋赠送给洪某军。《赠与合同》签订后，赠与房屋并未过户至受赠人洪某军名下。后赠与房屋被翻建成五层结构，翻建后的房屋现已被该镇人民政府征迁。因为洪某发是该集体土地建设用地使用证登记的土地使用者，与镇人民政府签订了相关征迁安置协议，已实际取得安置房并领取了拆迁安置款项。洪某军于是诉至法院请求确认《赠与合同》有效；确认房屋归其所有；确认因政府征用集体土地建设用地使用证所登记的房屋而补偿的全部利益归其所有。

◉ **律师指引** 在我国"房地一体"原则下，农村房屋依附于宅基地之上，房屋所有权与宅基地使用权不可分割。故赠与房屋须同时处分房屋所在宅基地使用权。根据《中华人民共和国土地管理法》规定：宅基地使用权是本农村集体经济组织成员依据特定身份享有的权利，非本集体经济组织成员无权取得。另根据《民法典》第一百四十三条：

"具备下列条件的民事法律行为有效:……(三)不违反法律、行政法规的强制性规定,不违背公序良俗。"本案《赠与合同》签订在前,洪某军将户籍迁回坑内八组在后,故洪某军签订《赠与合同》时,尚不具备坑内八组集体经济组织成员资格,故洪某发、陈某冶将讼争房屋赠与给非本集体经济组织成员违反法律强制性规定。因此赠与合同无效。洪某军对讼争房屋不享有相关权利,其请求确认讼争房屋被征用的补偿利益归其所有没有法律依据。

⊙ **法律应用** 《民法典》第一百四十三条 具备下列条件的民事法律行为有效:

(一)行为人具有相应的民事行为能力;

(二)意思表示真实;

(三)不违反法律、行政法规的强制性规定,不违背公序良俗。

【案例11-18】私自转让自有宅基地是否构成非法转让土地使用权罪?

⊙ **案情介绍** 王某芳因拆迁取得位于某县朝阳镇朝阳街的一块425平方米的宅基地,并于1996年3月26日取得该块宅基地的集体土地建设用地使用证,用途为住宅。2001年4月20日,某县人民政府为王某芳的宅基地登记注册发证。2010年8月,王某芳的儿子王某与某县建设局朝阳规划建设管理所签订了规划综合技术服务协议书,内容为王某在宅基地上必须按规划进行建设,王某之后按协议一次性缴纳了2000元规划综合技术服务费,并在该块宅基地上修建了5间砖墙、石棉瓦顶房屋和1间小平房。

第十一章　用益物权

2011年3月,经王某芳同意,王某以68万元的价格将前述宅基地及附属的6间房屋出售给某县某村农民赵某。2011年3月15日,赵某将68万元价款全部付清,随后准备在上边建设新房。2012年11月,某县建设局某规划建设管理所以赵某未办理建设工程规划许可证为由责令其停止施工。赵某未停止施工,并于2013年11月拆除了该宅基地上的原有房屋,并将新房建好后实际使用。案发后经鉴定,案涉宅基地上的6间房屋在2013年2月的价值为49266元。

2014年4月8日,某县公安局以被告人王某芳涉嫌犯非法转让土地使用权罪对其立案侦查并采取刑事强制措施。

● 律师指引　2010年5月,贵州省高级人民法院就有关人员与农民联合在农村宅基地、责任田上违法建房出售如何适用法律的问题请示最高人民法院。最高人民法院于2010年11月2日做出《关于个人违法建房出售行为如何适用法律问题的答复》(法[2010]395号,以下简称《答复》)。《答复》指出:"在农村宅基地、责任田上违法建房出售如何处理的问题,涉及面广,法律、政策性强。据了解,有关部门正在研究制定政策意见和处理办法,在相关文件出台前,不宜以犯罪追究有关人员的刑事责任……案件处理更应当十分慎重。要积极争取在党委统一领导下,有效协调有关方面,切实做好案件处理的善后工作,确保法律效果与社会效果的有机统一。"目前我国东、西部地区对于该罪的认识标准不同,该类案件的实际处理结果有待继续观察。

● 法律应用　《最高人民法院关于审理破坏土地资源刑事案件具体应用法律若干问题的解释》第一条　以牟利为目的,违反土地管理法规,非法转让、倒卖土地使用权,具有下列情形之一的,属于非法转让、

倒卖土地使用权"情节严重",依照刑法第二百二十八条的规定,以非法转让、倒卖土地使用权罪定罪处罚:

(一)非法转让、倒卖基本农田五亩以上的;

(二)非法转让、倒卖基本农田以外的耕地十亩以上的;

(三)非法转让、倒卖其他土地二十亩以上的;

(四)非法获利五十万元以上的;

(五)非法转让、倒卖土地接近上述数量标准并具有其他恶劣情节的,如曾因非法转让、倒卖土地使用权受过行政处罚或者造成严重后果等。

第五节 居住权的概念和保护

150 什么是居住权?

居住权是指对他人所有的住房及其附属设施占有、使用的权利。居住权起源于罗马法。从渊源看,居住权最早产生于罗马婚姻家庭关系中,而且与财产继承制度紧密相关,最初是作为生活保障的制度设计而存在的。新增的居住权是《民法典》的亮点。这一概念在国内提出已经有几十年时间,但因备受争议并未落地。居住权设定的目的在于将房屋所有权在居住权人和所有人之间进行分配,从而满足各自不同的需求,既可以实现特定弱势群体的住房保障,又可以灵活地满足当事人的其他住房需求。

第十一章 用益物权

151 居住权如何设立？

居住权设立方式有两种：第一，订立居住权合同，基于合同取得居住权。第二，通过遗嘱的方式设立居住权。设立居住权，当事人应当采用书面形式订立居住权合同。居住权合同一般包括下列条款：（一）当事人的姓名或者名称和住所；（二）住宅的位置；（三）居住的条件和要求；（四）居住权期限；（五）解决争议的方法。设立居住权的，应当向登记机构申请居住权登记。居住权自登记时设立，其消灭的条件是居住权期限届满或者居住权人死亡。

152 居住权与租赁权有什么区别？

《民法典》中所指的居住权，并不等同于日常租赁关系中获得的对房屋的使用权。居住权与租赁权在根本上是不一样的。同样是对于他人财产的使用，在租赁过程中产生的居住关系属于债权，也是一种契约关系。承租人可以基于房屋租赁合同取得对他人房屋进行使用、收益的权利，但承租人的权利仅限于用益而无法直接支配。而在物权编中规定的居住权则具有独立性和直接支配性，能以自己意思无须借助他人的行为对房屋直接进行管领、实现权利内容。

153 关于居住权的限制有哪些？

《民法典》规定，居住权不得转让、继承。设立居住权的住宅不得出租，但是当事人另有约定的除外。可见，居住权只保障居住权利，没有继承乃至转让的资格。

154 遇到离婚、抚养以及孤寡老人养老问题时设立居住权有哪些好处?

（1）离婚时的纠纷问题。根据《民法典》第一千零九十条的规定，离婚后如果一方生活困难，有负担能力的另一方应当给予适当帮助。法院在做出离婚判决判令时可在有负担能力的一方在其所有的房屋上为有困难的一方设立居住权。这样就为离婚纠纷财产分配时提供了新的途径。（2）抚养问题。现在社会老龄化越来越严重，很多子女无法承担或者不愿承担父母的赡养问题，此时居住权就有了用武之地。老人被确诊重病后，就可以订立了一份《自书遗嘱》，给尽心尽力照顾自己的人（保姆等）设立居住权，这样情理与法理可以得到很好的平衡。（3）孤寡老人养老问题。老人可以与银行订立《养老安居一揽子协议》（以下简称"《协议》"）约定，老人将其所有的房屋转让归银行所有；银行每月须向老人支付生活费5000元，直至老人死亡为止；银行在房屋上为老人设立居住权。这样子就可以让孤寡老人的养老问题又多了一种选择。

155 居住权可能带来什么问题?

（1）居住权的设立会给房屋买受人带来更多的审查义务。（2）居住权具有很强的人身依附性，所以可能会带来不能物尽其用的问题。（3）很多细节规定尚待厘清。首先，居住权被占的房子没有商业价值，因为房子没法交易没法住。一旦房产居住权在房管局登记了，将来不管产权到了谁手里居住权都不受影响，新的所有权人即便办理了产权登记，拿到了不动产权证，也无法改变"居住权"已经存在的现实，没有权利赶走居住权人。这不仅增加了房屋买受人的审查负担，而且有可能降低房屋的流通率。其次，《民法典》未对居住权登记所涉的登记机构、登记程序、申请材料及未登记的法律后果等予以细化规定。除居住权的设立人与居住权人之间的纯粹债之关系外，居住权制度下的法律关系亦包括伴随债之关系。在居住权存续期间，因房屋的利用、日常维护、改良修缮等所产生的费用承担和分配问题，是基于收益与风险一致的原理，由居住权人自负房屋的修缮等费用，抑或交由当事人自行约定，需由有权机关或部门予以明确。

第六节　地役权的概念和保护

156 什么是地役权？

地役权是指通过与他人签订合同的形式，通过合同约定可以采取积极利用或消极利用他人不动产的权利，以实现提升使用自己不动产的便利或增加自己不动产收益的合同目的。接受便利的不动产被称之为需役地，提供便利的不动产称之为供役地。地役权是根据合同约定而设立的用益物权；地役权是存在于他人不动产上的用益物权；地役权的设立是为了需役地的便利而设立的，没有需役地的存在，地役权即无存在之意义，故地役权属于典型的从权利。

157 哪些情况可以适用地役权？

根据《不动产登记操作规范（试行）》第13.1.1条的规定，地役权的适用范围,包括因下列行为需要利用他人不动产的:(1)用水、排水、通行;(2)铺设电线、电缆、水管、输油管线、暖气和燃气管线等;(3)假设铁塔、基站、广告牌等。此外,因采光、通风、保持视野等限制他人不动产利用,也属于地役权的适用范围。当事人为提高自己的不动产效益,也可以以约定利用他人不动产方式设立地役权。

158 地役权的设立形式如何确定?

基于地役权是在他人不动产之上设立的,地役权的设立必然会给供役地人使用供役地带来限制或者加重供役地权利人的责任,故地役权的设立必须取得供役地权利人的同意,故地役权的设立往往是通过书面合同的形式予以设立,在签订地役权合同时,合同中一般需包含如下条款:(1)当事人的姓名或者名称和住所;(2)供役地和需役地的位置;(3)利用目的和方法;(4)利用期限;(5)费用及其支付方式;(6)解决争议的方法。除了上列合同条款外,地役权人与供役地人可根据地役权内容、权利行使的方式、限制条件的设定、违约责任、地役权的提前终止、供役地转让等自行约定合同条款,以确保地役权的正确合理行使,保障各方合法权益均可以得以实现。

159 地役权的设立是否必须登记?地役权未经登记会受到哪些限制?

地役权是通过签订合同的方式予以设立的。依据《民法典》的规定,采用合同书形式订立合同的,自双方当事人签字或者盖章时合同成立;依法成立的合同,自成立时生效。法律、行政法规规定应当办理批准、登记等手续生效的除外。依照规定的内容可以得出,地役权的设立自地役权合同生效时即告设立,《民法典》对于地役权的设立并未规定应当办理批转、登记等手续。为了确保地役权的实现和保障,当事人在签订了地役权合同后,一般都会到供役地办理登记的机构申请办理地役权登记。由于地役权是设立在他人不动产之上的从权利,如不办理登记,往往会因为善意第三人的出现而导致地役权的灭失或受限,《民法典》第三百七十四条也明确规定,未经办理登记的地役权不得对抗善意第三人。

160 地役权人所享有的权利和应承担的义务有哪些?

地役权人所享有的地役权是基于合同的约定而设立的,其享有的权利和承担的义务均由合同予以约定,不同的地役权其权利义务有所不同,但从地役权的属性结合地役权设立的目的和法律规定归纳总结,地役权人对于地役权享有的权利和义务主要包括:(1)地役权人有权按照合同约定的利用目的和方法利用供役地;(2)地役权人有权要求供役地权利人按照合同约定允许地役权人利用其土地;(3)地役权人有权要求供役地权利人不得妨害地役权人行使地役权;(4)地役权人利用供役地时应尽量减少对供役地权利人物权的限制;(5)地役权人不得超过合同约定的期限利用供役地;(6)地役权人不得超越合同约定的目的和方法利用供役地等。

161 地役权期限可否设立为长期?

地役权作为在他人不动产上设立的用益物权,其对于他人不动产所形成的依附属性,决定了地役权的存续是以他人物权的存续为根本前提和基础的。依据我国法律体系对不动产所做的权利设定可知,不动产都是具有一定期限的,即我国的不动产除了宅基地使用权、划拨土地使用权等个别法律特别规定的不动产之外,其他不动产的设立和享有均设定有一定期限,地役权作为依附于他人不动产之上的从权利,当然受到不动产期限的限制,即地役权的期限必须在不动产剩余期限的基础上由当事人双方约定方始有效,超过剩余期限所做的约定必然会出现无效或效力待定的情形。

162 承包经营权、宅基地使用权的设立与已存在的地役权的关系如何处理?

地役权在设立承包经营权、宅基地使用权时已经设立,作为土地所有权人已经基于地役权的存在而享有地役权或者负担地役权的,基于地役权的设立受到法律的保护,不能因承包经营权、宅基地使用权的设立而破坏地役权人享有地役权或者供役地权利人提供供役地的义务,故在已经设立地役权的土地上设立土地承包经营权、宅基地使用权时,该土地承包经营权人、宅基地使用权人继续享有或者负担已设立的地役权。

163 在已设立用益物权的土地上能否设立地役权?

对于已经设立了土地承包经营权、建设用地使用权、宅基地使用权等用益物权的，由于土地承包经营权、建设用地使用权、宅基地使用权的设立及权利均受到法律保护，而地役权的设立往往会限制供役地权利人的权利或者要求供役地权利人提供一定的便利，这种限制或者提供便利的行为对于土地承包经营权、建设用地使用权、宅基地使用权的权利行使往往带来限制，故如需在已设立的土地承包经营权、建设用地使用权、宅基地使用权上设立地役权的，必须经土地承包经营权、建设用地使用权、宅基地使用权等用益物权人的同意，并按照法律规定签署地役权合同后方始设立地役权。

164 地役权的转让是否可独立于需役地而单独转让？

地役权虽然是一种独立的用益物权，但基于地役权的设立必须是有需役地与供役地的同时存在，这是地役权从属性的最明显的特征，故地役权的存在与需役地的使用权是一体相生的，不可脱离于需役地而单独存在，地役权只能与需役地使用权一并转移，无法也不能脱离需役地而单独转让。

165 地役权能否单独抵押？

基于地役权的从属性，地役权的设立必须依附于需役地与供役地的存在，离开需役地或者失去供役地，地役权没有任何经济价值、使用价值乃至社会价值可言，针对地役权而言需役地使用权属于主权利，地役权属于从权利。依据《民法典》第三百八十一条，地役权不得单独抵押。土地承包经营权、建设用地使用权等抵押的，在实现抵押权时，地役权一并转让的规定可知，地役权作为从权利，其依附之主权利转让时，作为从权利的地役权随之发生转让的法律效力。

166 供役地权利人在哪种情形下有权解除地役权合同？

地役权合同作为在地役权人和供役地权利人之间设立、变更、终止民事权利义务关系的协议，依据《民法典》第五百六十三条规定，有下列情形之一的，当事人可以解除合同：（1）因不可抗力致使不能实现合同目的；（2）在履行期限届满之前，当事人一方明确表示或者以自己的行为表明不履行主要债务；（3）当事人一方迟延履行主要债务，经催告后在合理期限内仍未履行；（4）当事人一方迟延履行债务或者有其他违约行为致使不能实现合同目的；（5）法律规定的其他情形。根据上述规定，供役地权利人作为地役权合同一方当事人，在上述情形出现时有权解除地役权合同，这是对于民事合同解除的普遍性规定，而《民法典》针对地役权合同的解除，根据地役权的物权属性及其设立的特殊性，对其解除做出了专门的规定，依据《民法典》第三百八十四条规定：地役权人有下列情形之一的，供役地权利人有权解除地役权合同，地役权消灭：（1）违反法律规定或者合同约定，滥用地役权；（2）有偿利用供役地，约定的付款期间届满后在合理期限内经两次催告未支付费用。

【案例11-19】地役权可以由谁主张？主张什么？

● 案情介绍 陈某某、王某某签订了《地产交易协议》，双方约定：王某某自愿将其享有土地使用权的桔园出售给陈某某作为私宅基地。有关通道，如其他单位或个人需要使用，必须经双方同意，并给

第十一章 用益物权

陈某某一定的补偿方可使用。陈某某申请并获批建设住宅,房屋共两层,门口有一条宽5米的水泥地通道,是陈某某在修建房屋时修建,该通道系王某某无偿提供给陈某某及其家人使用至今,未包含在陈某某与被告王某某地产交易的范围内。陈某某因病去世后,房屋所有权人变更为黎某、陈某。两人通过房产中介与唐某、卓某签订了《二手房买卖合同》,双方约定:甲方自愿将房屋出售给乙方,该房屋转让时所占有的土地使用权一并转让。之后,唐某、卓某取得了该房屋的不动产权证。房屋交付之前,王某某之子王某雇请了一台挖掘机,对案涉房屋前的通道进行挖地施工,仅留出了60厘米宽的道路,施工完毕后,又倾倒了两车黄土并将挖坏的地方铺平,准备用于种植,从而导致唐某、卓某不能正常出入案涉房屋。后黎某、陈某、唐某、卓某诉至法院,要求立即排除妨害、恢复通道原状,保证相邻正常通行。

▶ **法律应用** 根据《民法典》第二百九十一条的规定,不动产权人对相邻权利人因通行等必须利用其土地的,应当提供必要的便利。同时第二百三十六条规定:妨害物权或者可能妨害物权的,权利人可以请求排除妨害或者消除危险。

在本案中,首先,虽然黎某、陈某已经将案涉房屋出售给唐某,且办理了不动产登记,但在交付期间案涉通道被毁,导致交付不能完成。黎某、陈某作为案涉房屋的原所有权人,且案涉道路通行权的设立系其家庭成员在购地建房时与被告约定设立并从被告处取得。其房屋变卖后尚未交付前,与黎某、陈某在法律意义上的相邻关系并未消失,故其二人作为原告的主体资格符合相关法律规定。其次,王某某挖毁通道的行为侵害了唐某、卓某的相邻通行权,应予以恢复原状、排除妨碍。

◉ **法律应用** 《民法典》第二百三十六条【排除妨害请求权】妨害物权或者可能妨害物权的，权利人可以请求排除妨害或者消除危险。

第二百九十一条【通行相邻关系】不动产权利人对相邻权利人因通行等必须利用其土地的，应当提供必要的便利。

【案例 11-20】侵犯地役权能不能直接起诉拆除房屋？

◉ **案情介绍** 海某某三人与马某某、第三人 A 公司签订协议一份，约定海某某三人与马某某互为需役地人、供役地人，马某某在自己宅基地留出 2 米人行横道，A 公司修建一条 10 米宽道路与其开发的创业街相连。但马某某在盖房时未留出 2 米宽的人行横道，海某某三人作为共同原告起诉至法院，要求马某某拆除自家庄园南边的房屋，保留门前街道和人行道宽 12 米（街道宽 10 米，人行道宽 2 米），之后海某某三人变更诉求，要求被告对三人各补偿 2.4 万元。

◉ **律师指引** 根据《民法典》第三百七十二条规定，地役权人有权按照合同约定，利用他人的不动产，以提高自己的不动产的效益。本案当事人签订协议的目的为方便自己不动产的利用和价值的提升，当事人对权益的处分是由约定形成的，应当属于地役权的范畴，故本案应当认定为地役权纠纷。协议是各方真实的意思表示，没有违反相关法律规定，当事人均应当遵守合约。被告马某某未按照合同约定将自己的宅基地留出 2 米作为供役地使用，但其建造的 4 间房屋需要原告的供役地实现其价值，故三原告要求被告进行供役地补偿的请求，法院酌情予以支持。第三人要求被告拆除其房屋，考虑到被告修建房屋花费较大，判决拆除有违禁止权利滥用原则，被告损失较大，不利

第十一章 用益物权

于矛盾化解。

● 法律应用 《民法典》第三百七十二条 【地役权的定义】地役权人有权按照合同约定，利用他人的不动产，以提高自己的不动产的效益。

前款所称他人的不动产为供役地，自己的不动产为需役地。

【案例 11-21】在供役地的所有权或者使用权发生变更时，地役权是否继续存续？

● 案情介绍 某公司与某村经济合作社签订《荒山承包（租赁）合同书》，约定：一、甲方将集体所有的荒山 528 亩承包给乙方开发经营。之后原被告又签订荒山承包合同书补充协议，约定乙方要求保证进山路线的畅通。甲方承诺：从公路边至租赁地为止的路为公用路段，不属任何人的承包地，路宽不小于五米，不允许任何人侵占、阻断。乙方保留因公用道路被阻而向责任方提出经济赔偿要求的权利。

又过了几年，第三人王某某与某村经济合作社签订了荒山租赁合同书，约定某村将房山区某镇某村集体所有的燕家峪南坡荒山 150 亩租赁给王某某开发经营。王某某在其承包土地边缘修砌石墙。经法院勘查，要经过王某某的承包地，沿进山道路向里才能到达某公司承包地。某公司认为被告对公用道路的肆意侵占违反了合同约定，严重阻碍了原告车辆的正常通行。请求法院判令原告支付违约金并立即停止对公用道路的侵占，恢复 5 米路宽，并赔偿原告因道路被侵占而遭受的损失。

● **律师指引** 本案的争议焦点在于在供役地的所有权或者使用权发生变更时,地役权是否继续存续?根据《民法典》第三百七十八条:"土地所有权人享有地役权或者负担地役权的,设立土地承包经营权、宅基地使用权时,该土地承包经营权人、宅基地使用权人继续享有或者负担已设立的地役权。"在本案中,某村合作社为某公司设定地役权时,第三人王某某尚未与被告签订承包合同。王某某取得相邻土地的承包经营权,原告依然享有地役权,被告仍然需要履行补充协议,确保原告行使进山道路的地役权。

● **法律应用** 《民法典》第三百七十八条【地役权的承继】土地所有权人享有地役权或者负担地役权的,设立土地承包经营权、宅基地使用权等用益物权时,该用益物权人继续享有或者负担已经设立的地役权。

【案例11-22】未经登记的地役权是否可以对抗善意第三人?

● **案情介绍** 胡某与某织物厂协商签订了《房产联合开发使用合同》,合同约定面积510平方米的土地上由胡某投资修建临街楼两层共16间,织物厂使用东面一层楼门市3间、大门1间、二层楼3间,胡某使用西面一层楼门市4间、二层楼5间,合同期间织物厂使用的大门允许胡某通行,织物厂不得干涉,胡某又向织物厂交付5000元,以明确其对大门享有通行权。合同进行了公证但没有进行登记。之后,织物厂将其坐落在兴华路的房地产有偿转让给郭某,房屋移交时,该建筑物范围内的土地使用权一并转移,县房地产管理所以南乐县人民政府为发证机关向郭某颁发了房权证。又过了一段时间,郭某欲将大门改建成门市,遭胡某阻拦,胡某起诉郭某侵犯其通行权。

◉ **律师指引** 根据《民法典》第三百七十四条规定:"地役权自地役权合同生效时设立。当事人要求登记的,可以向登记机构申请地役权登记;未经登记,不得对抗善意第三人。"在本案中,胡某与织物厂签订的《房地产联合开发使用合同》约定允许其从大门过道通行,胡某为此向织物厂交付5000元,胡某据此取得的通行权是依合同设立的地役权,织物厂之后与郭某签订了房地产买卖以及土地使用权转让契约,该契约未约定保留胡某对大门过道享有通行权的条款,且郭某已经办理了房屋所有权证。地役权未经登记,不得对抗善意第三人。胡某的地役权未办理登记手续,据此,胡某与织物厂在该不动产上设定的地役权不得对抗郭某的所有权,郭某没有义务为胡某提供通行过道。而胡某地役权的丧失,是由于织物厂的行为所致,胡某可追究其违约责任。

◉ **法律应用** 《民法典》第三百七十四条【地役权的设立与登记】地役权自地役权合同生效时设立。当事人要求登记的,可以向登记机构申请地役权登记;未经登记,不得对抗善意第三人。

附录：相关法律法规

附录 A 中华人民共和国民法典
（节录）

主席令第四十五号

《中华人民共和国民法典》已由中华人民共和国第十三届全国人民代表大会第三次会议于 2020 年 5 月 28 日通过，现予公布，自 2021 年 1 月 1 日起施行。

中华人民共和国主席 习近平

2020 年 5 月 28 日

第一编　总则

第一章　基本规定

第一条　为了保护民事主体的合法权益，调整民事关系，维护社会和经济秩序，适应中国特色社会主义发展要求，弘扬社会主义核心价值观，根据宪法，制定本法。

第二条　民法调整平等主体的自然人、法人和非法人组织之间的人身关系和财产关系。

第三条　民事主体的人身权利、财产权利以及其他合法权益受法律保护，任何组织或者个人不得侵犯。

第四条　民事主体在民事活动中的法律地位一律平等。

第五条　民事主体从事民事活动，应当遵循自愿原则，按照自己的意思设立、变更、终止民事法律关系。

第六条　民事主体从事民事活动，应当遵循公平原则，合理确定各方的权利和义务。

第七条　民事主体从事民事活动，应当遵循诚信原则，秉持诚实，恪守承诺。

第八条　民事主体从事民事活动，不得违反法律，不得违背公序良俗。

第九条　民事主体从事民事活动，应当有利于节约资源、保护生态环境。

第十条　处理民事纠纷，应当依照法律；法律没有规定的，可以适用习惯，但是不得违背公序良俗。

第十一条　其他法律对民事关系有特别规定的，依照其规定。

第十二条　中华人民共和国领域内的民事活动，适用中华人民共和国法律。法律另有规定的，依照其规定。

第六章　民事法律行为

第三节　民事法律行为的效力

第一百五十三条　违反法律、行政法规的强制性规定的民事法律行为无效。但是，该强制性规定不导致该民事法律行为无效的除外。

违背公序良俗的民事法律行为无效。

第二编　物权

第一分编　通则

第一章　一般规定

第二百零五条　本编调整因物的归属和利用产生的民事关系。

第二百零六条　国家坚持和完善公有制为主体、多种所有制经济共同发展，按劳分配为主体、多种分配方式并存，社会主义市场经济体制等社会主义基本经济制度。

国家巩固和发展公有制经济，鼓励、支持和引导非公有制经济的发展。

国家实行社会主义市场经济，保障一切市场主体的平等法律地位和发展权利。

第二百零七条　国家、集体、私人的物权和其他权利人的物权受法律平等保护，任何组织或者个人不得侵犯。

第二百零八条　不动产物权的设立、变更、转让和消灭，应当依照法律规定登记。动产物权的设立和转让，应当依照法律规定交付。

第二章　物权的设立、变更、转让和消灭

第一节　不动产登记

第二百零九条　不动产物权的设立、变更、转让和消灭，经依法登记，发生效力；未经登记，不发生效力，但是法律另有规定的除外。

依法属于国家所有的自然资源，所有权可以不登记。

第二百一十条　不动产登记，由不动产所在地的登记机构办理。

国家对不动产实行统一登记制度。统一登记的范围、登记机构和登记办法，由法律、行政法规规定。

第二百一十一条　当事人申请登记，应当根据不同登记事项提供权属证明和不动产界址、面积等必要材料。

第二百一十二条　登记机构应当履行下列职责：

（一）查验申请人提供的权属证明和其他必要材料；

（二）就有关登记事项询问申请人；

（三）如实、及时登记有关事项；

（四）法律、行政法规规定的其他职责。

申请登记的不动产的有关情况需要进一步证明的，登记机构可以要求申请人补充材料，必要时可以实地查看。

第二百一十三条　登记机构不得有下列行为：

（一）要求对不动产进行评估；

（二）以年检等名义进行重复登记；

（三）超出登记职责范围的其他行为。

第二百一十四条　不动产物权的设立、变更、转让和消灭，依照法

律规定应当登记的，自记载于不动产登记簿时发生效力。

第二百一十五条 当事人之间订立有关设立、变更、转让和消灭不动产物权的合同，除法律另有规定或者当事人另有约定外，自合同成立时生效；未办理物权登记的，不影响合同效力。

第二百一十六条 不动产登记簿是物权归属和内容的根据。

不动产登记簿由登记机构管理。

第二百一十七条 不动产权属证书是权利人享有该不动产物权的证明。不动产权属证书记载的事项，应当与不动产登记簿一致；记载不一致的，除有证据证明不动产登记簿确有错误外，以不动产登记簿为准。

第二百一十八条 权利人、利害关系人可以申请查询、复制不动产登记资料，登记机构应当提供。

第二百一十九条 利害关系人不得公开、非法使用权利人的不动产登记资料。

第二百二十条 权利人、利害关系人认为不动产登记簿记载的事项错误的，可以申请更正登记。不动产登记簿记载的权利人书面同意更正或者有证据证明登记确有错误的，登记机构应当予以更正。

不动产登记簿记载的权利人不同意更正的，利害关系人可以申请异议登记。登记机构予以异议登记，申请人自异议登记之日起十五日内不提起诉讼的，异议登记失效。异议登记不当，造成权利人损害的，权利人可以向申请人请求损害赔偿。

第二百二十一条 当事人签订买卖房屋的协议或者签订其他不动产物权的协议，为保障将来实现物权，按照约定可以向登记机构申请预告登记。预告登记后，未经预告登记的权利人同意，处分该不动产的，不发生物权效力。

预告登记后，债权消灭或者自能够进行不动产登记之日起九十日内未申请登记的，预告登记失效。

第二百二十二条　当事人提供虚假材料申请登记，造成他人损害的，应当承担赔偿责任。

因登记错误，造成他人损害的，登记机构应当承担赔偿责任。登记机构赔偿后，可以向造成登记错误的人追偿。

第二百二十三条　不动产登记费按件收取，不得按照不动产的面积、体积或者价款的比例收取。

第二节　动产交付

第二百二十四条　动产物权的设立和转让，自交付时发生效力，但是法律另有规定的除外。

第二百二十五条　船舶、航空器和机动车等的物权的设立、变更、转让和消灭，未经登记，不得对抗善意第三人。

第二百二十六条　动产物权设立和转让前，权利人已经占有该动产的，物权自民事法律行为生效时发生效力。

第二百二十七条　动产物权设立和转让前，第三人占有该动产的，负有交付义务的人可以通过转让请求第三人返还原物的权利代替交付。

第二百二十八条　动产物权转让时，当事人又约定由出让人继续占有该动产的，物权自该约定生效时发生效力。

第三节 其他规定

第二百二十九条 因人民法院、仲裁机构的法律文书或者人民政府的征收决定等，导致物权设立、变更、转让或者消灭的，自法律文书或者征收决定等生效时发生效力。

第二百三十条 因继承取得物权的，自继承开始时发生效力。

第二百三十一条 因合法建造、拆除房屋等事实行为设立或者消灭物权的，自事实行为成就时发生效力。

第二百三十二条 处分依照本节规定享有的不动产物权，依照法律规定需要办理登记的，未经登记，不发生物权效力。

第三章 物权的保护

第二百三十三条 物权受到侵害的，权利人可以通过和解、调解、仲裁、诉讼等途径解决。

第二百三十四条 因物权的归属、内容发生争议的，利害关系人可以请求确认权利。

第二百三十五条 无权占有不动产或者动产的，权利人可以请求返还原物。

第二百三十六条 妨害物权或者可能妨害物权的，权利人可以请求排除妨害或者消除危险。

第二百三十七条 造成不动产或者动产毁损的，权利人可以依法请求修理、重作、更换或者恢复原状。

第二百三十八条 侵害物权，造成权利人损害的，权利人可以依法请求损害赔偿，也可以依法请求承担其他民事责任。

第二百三十九条 本章规定的物权保护方式，可以单独适用，也可以根据权利被侵害的情形合并适用。

第二分编 所有权

第四章 一般规定

第二百四十条 所有权人对自己的不动产或者动产，依法享有占有、使用、收益和处分的权利。

第二百四十二条 法律规定专属于国家所有的不动产和动产，任何组织或者个人不能取得所有权。

第二百四十三条 为了公共利益的需要，依照法律规定的权限和程序可以征收集体所有的土地和组织、个人的房屋以及其他不动产。

征收集体所有的土地，应当依法及时足额支付土地补偿费、安置补助费以及农村村民住宅、其他地上附着物和青苗等的补偿费用，并安排被征地农民的社会保障费用，保障被征地农民的生活，维护被征地农民的合法权益。

征收组织、个人的房屋以及其他不动产，应当依法给予征收补偿，维护被征收人的合法权益；征收个人住宅的，还应当保障被征收人的居住条件。

任何组织或者个人不得贪污、挪用、私分、截留、拖欠征收补偿费等费用。

第二百四十五条　因抢险救灾、疫情防控等紧急需要，依照法律规定的权限和程序可以征用组织、个人的不动产或者动产。被征用的不动产或者动产使用后，应当返还被征用人。组织、个人的不动产或者动产被征用或者征用后毁损、灭失的，应当给予补偿。

第五章　国家所有权和集体所有权、私人所有权

第二百四十七条　矿藏、水流、海域属于国家所有。

第二百四十九条　城市的土地，属于国家所有。法律规定属于国家所有的农村和城市郊区的土地，属于国家所有。

第二百五十条　森林、山岭、草原、荒地、滩涂等自然资源，属于国家所有，但是法律规定属于集体所有的除外。

第二百五十一条　法律规定属于国家所有的野生动植物资源，属于国家所有。

第二百五十二条　无线电频谱资源属于国家所有。

第二百五十三条　法律规定属于国家所有的文物，属于国家所有。

第二百六十五条　集体所有的财产受法律保护，禁止任何组织或者个人侵占、哄抢、私分、破坏。

农村集体经济组织、村民委员会或者其负责人作出的决定侵害集体成员合法权益的，受侵害的集体成员可以请求人民法院予以撤销。

第六章　业主的建筑物区分所有权

第二百七十一条　业主对建筑物内的住宅、经营性用房等专有部分享有所有权，对专有部分以外的共有部分享有共有和共同管理的权利。

第二百七十二条　业主对其建筑物专有部分享有占有、使用、收益和处分的权利。业主行使权利不得危及建筑物的安全，不得损害其他业主的合法权益。

第二百七十三条　业主对建筑物专有部分以外的共有部分，享有权利，承担义务；不得以放弃权利为由不履行义务。

业主转让建筑物内的住宅、经营性用房，其对共有部分享有的共有和共同管理的权利一并转让。

第二百七十七条　业主可以设立业主大会，选举业主委员会。业主大会、业主委员会成立的具体条件和程序，依照法律法规的规定。

地方人民政府有关部门、居民委员会应当对设立业主大会和选举业主委员会给予指导和协助。

第二百七十八条　下列事项由业主共同决定：

（一）制定和修改业主大会议事规则；

（二）制定和修改管理规约；

（三）选举业主委员会或者更换业主委员会成员；

（四）选聘和解聘物业服务企业或者其他管理人；

（五）使用建筑物及其附属设施的维修资金；

（六）筹集建筑物及其附属设施的维修资金；

（七）改建、重建建筑物及其附属设施；

（八）改变共有部分的用途或者利用共有部分从事经营活动；

（九）有关共有和共同管理权利的其他重大事项。

业主共同决定事项，应当由专有部分面积占比三分之二以上的业主且人数占比三分之二以上的业主参与表决。决定前款第六项至第八项规定的事项，应当经参与表决专有部分面积四分之三以上的业主且参与表决人数四分之三以上的业主同意。决定前款其他事项，应当经参与表决专有部分面积过半数的业主且参与表决人数过半数的业主同意。

第二百七十九条　业主不得违反法律法规以及管理规约，将住宅改变为经营性用房。业主将住宅改变为经营性用房的，除遵守法律法规以及管理规约外，应当经有利害关系的业主一致同意。

第二百八十条　业主大会或者业主委员会的决定，对业主具有法律约束力。

业主大会或者业主委员会作出的决定侵害业主合法权益的，受侵害的业主可以请求人民法院予以撤销。

第二百八十四条　业主可以自行管理建筑物及其附属设施，也可以委托物业服务企业或者其他管理人管理。

对建设单位聘请的物业服务企业或者其他管理人，业主有权依法更换。

第二百八十五条　物业服务企业或者其他管理人根据业主的委托，依照本法第三编有关物业服务合同的规定管理建筑区划内的建筑物及其附属设施，接受业主的监督，并及时答复业主对物业服务情况提出的询问。

物业服务企业或者其他管理人应当执行政府依法实施的应急处置措

施和其他管理措施，积极配合开展相关工作。

第二百八十六条　业主应当遵守法律法规以及管理规约，相关行为应当符合节约资源、保护生态环境的要求。对于物业服务企业或者其他管理人执行政府依法实施的应急处置措施和其他管理措施，业主应当依法予以配合。

业主大会或者业主委员会，对任意弃置垃圾、排放污染物或者噪声、违反规定饲养动物、违章搭建、侵占通道、拒付物业费等损害他人合法权益的行为，有权依照法律法规以及管理规约，请求行为人停止侵害、排除妨碍、消除危险、恢复原状、赔偿损失。

业主或者其他行为人拒不履行相关义务的，有关当事人可以向有关行政主管部门报告或者投诉，有关行政主管部门应当依法处理。

第二百八十七条　业主对建设单位、物业服务企业或者其他管理人以及其他业主侵害自己合法权益的行为，有权请求其承担民事责任。

第七章　相邻关系

第二百八十八条　不动产的相邻权利人应当按照有利生产、方便生活、团结互助、公平合理的原则，正确处理相邻关系。

第二百八十九条　法律法规对处理相邻关系有规定的，依照其规定；法律法规没有规定的，可以按照当地习惯。

第二百九十条　不动产权利人应当为相邻权利人用水、排水提供必要的便利。

对自然流水的利用，应当在不动产的相邻权利人之间合理分配。对自然流水的排放,应当尊重自然流向。

第二百九十一条 不动产权利人对相邻权利人因通行等必须利用其土地的,应当提供必要的便利。

第二百九十二条 不动产权利人因建造、修缮建筑物以及铺设电线、电缆、水管、暖气和燃气管线等必须利用相邻土地、建筑物的,该土地、建筑物的权利人应当提供必要的便利。

第二百九十三条 建造建筑物,不得违反国家有关工程建设标准,不得妨碍相邻建筑物的通风、采光和日照。

第二百九十四条 不动产权利人不得违反国家规定弃置固体废物,排放大气污染物、水污染物、土壤污染物、噪声、光辐射、电磁辐射等有害物质。

第二百九十五条 不动产权利人挖掘土地、建造建筑物、铺设管线以及安装设备等,不得危及相邻不动产的安全。

第二百九十六条 不动产权利人因用水、排水、通行、铺设管线等利用相邻不动产的,应当尽量避免对相邻的不动产权利人造成损害。

第八章 共有

第二百九十七条 不动产或者动产可以由两个以上组织、个人共有。共有包括按份共有和共同共有。

第二百九十八条 按份共有人对共有的不动产或者动产按照其份额享有所有权。

第二百九十九条 共同共有人对共有的不动产或者动产共同享有所

有权。

第三百条　共有人按照约定管理共有的不动产或者动产；没有约定或者约定不明确的，各共有人都有管理的权利和义务。

第三百零一条　处分共有的不动产或者动产以及对共有的不动产或者动产作重大修缮、变更性质或者用途的，应当经占份额三分之二以上的按份共有人或者全体共同共有人同意，但是共有人之间另有约定的除外。

第三百零二条　共有人对共有物的管理费用以及其他负担，有约定的，按照其约定；没有约定或者约定不明确的，按份共有人按照其份额负担，共同共有人共同负担。

第三百零三条　共有人约定不得分割共有的不动产或者动产，以维持共有关系的，应当按照约定，但是共有人有重大理由需要分割的，可以请求分割；没有约定或者约定不明确的，按份共有人可以随时请求分割，共同共有人在共有的基础丧失或者有重大理由需要分割时可以请求分割。因分割造成其他共有人损害的，应当给予赔偿。

第三百零四条　共有人可以协商确定分割方式。达不成协议，共有的不动产或者动产可以分割且不会因分割减损价值的，应当对实物予以分割；难以分割或者因分割会减损价值的，应当对折价或者拍卖、变卖取得的价款予以分割。

共有人分割所得的不动产或者动产有瑕疵的，其他共有人应当分担损失。

第三百零五条　按份共有人可以转让其享有的共有的不动产或者动产份额。其他共有人在同等条件下享有优先购买的权利。

第三百零六条　按份共有人转让其享有的共有的不动产或者动产份额的,应当将转让条件及时通知其他共有人。其他共有人应当在合理期限内行使优先购买权。

两个以上其他共有人主张行使优先购买权的,协商确定各自的购买比例;协商不成的,按照转让时各自的共有份额比例行使优先购买权。

第三百零七条　因共有的不动产或者动产产生的债权债务,在对外关系上,共有人享有连带债权、承担连带债务,但是法律另有规定或者第三人知道共有人不具有连带债权债务关系的除外;在共有人内部关系上,除共有人另有约定外,按份共有人按照份额享有债权、承担债务,共同共有人共同享有债权、承担债务。偿还债务超过自己应当承担份额的按份共有人,有权向其他共有人追偿。

第三百零八条　共有人对共有的不动产或者动产没有约定为按份共有或者共同共有,或者约定不明确的,除共有人具有家庭关系等外,视为按份共有。

第三百零九条　按份共有人对共有的不动产或者动产享有的份额,没有约定或者约定不明确的,按照出资额确定;不能确定出资额的,视为等额享有。

第三百一十条　两个以上组织、个人共同享有用益物权、担保物权的,参照适用本章的有关规定。

第九章　所有权取得的特别规定

第三百一十一条　无处分权人将不动产或者动产转让给受让人的,

所有权人有权追回；除法律另有规定外，符合下列情形的，受让人取得该不动产或者动产的所有权：

（一）受让人受让该不动产或者动产时是善意；

（二）以合理的价格转让；

（三）转让的不动产或者动产依照法律规定应当登记的已经登记，不需要登记的已经交付给受让人。

受让人依据前款规定取得不动产或者动产的所有权的，原所有权人有权向无处分权人请求损害赔偿。

当事人善意取得其他物权的，参照适用前两款规定。

第三百一十二条　所有权人或者其他权利人有权追回遗失物。该遗失物通过转让被他人占有的，权利人有权向无处分权人请求损害赔偿，或者自知道或者应当知道受让人之日起二年内向受让人请求返还原物；但是，受让人通过拍卖或者向具有经营资格的经营者购得该遗失物的，权利人请求返还原物时应当支付受让人所付的费用。权利人向受让人支付所付费用后，有权向无处分权人追偿。

第三百一十三条　善意受让人取得动产后，该动产上的原有权利消灭。但是，善意受让人在受让时知道或者应当知道该权利的除外。

第三百一十四条　拾得遗失物，应当返还权利人。拾得人应当及时通知权利人领取，或者送交公安等有关部门。

第三百一十五条　有关部门收到遗失物，知道权利人的，应当及时通知其领取；不知道的，应当及时发布招领公告。

第三百一十六条　拾得人在遗失物送交有关部门前，有关部门在遗失物被领取前，应当妥善保管遗失物。因故意或者重大过失致使遗失物毁损、灭失的，应当承担民事责任。

第三百一十七条　权利人领取遗失物时，应当向拾得人或者有关部门支付保管遗失物等支出的必要费用。

权利人悬赏寻找遗失物的，领取遗失物时应当按照承诺履行义务。

拾得人侵占遗失物的，无权请求保管遗失物等支出的费用，也无权请求权利人按照承诺履行义务。

第三百一十八条　遗失物自发布招领公告之日起一年内无人认领的，归国家所有。

第三百一十九条　拾得漂流物、发现埋藏物或者隐藏物的，参照适用拾得遗失物的有关规定。法律另有规定的，依照其规定。

第三百二十条　主物转让的，从物随主物转让，但是当事人另有约定的除外。

第三百二十一条　天然孳息，由所有权人取得；既有所有权人又有用益物权人的，由用益物权人取得。当事人另有约定的，按照其约定。

法定孳息，当事人有约定的，按照约定取得；没有约定或者约定不明确的，按照交易习惯取得。

第三百二十二条　因加工、附合、混合而产生的物的归属，有约定的，按照约定；没有约定或者约定不明确的，依照法律规定；法律没有规定的，按照充分发挥物的效用以及保护无过错当事人的原则确定。因一方当事人的过错或者确定物的归属造成另一方当事人损害的，应当给予赔偿或者补偿。

附录：相关法律法规

第三分编　　用益物权

第十二章　　建设用地使用权

第三百四十八条　通过招标、拍卖、协议等出让方式设立建设用地使用权的，当事人应当采用书面形式订立建设用地使用权出让合同。

建设用地使用权出让合同一般包括下列条款：

（一）当事人的名称和住所；

（二）土地界址、面积等；

（三）建筑物、构筑物及其附属设施占用的空间；

（四）土地用途、规划条件；

（五）建设用地使用权期限；

（六）出让金等费用及其支付方式；

（七）解决争议的方法。

第三百四十九条　设立建设用地使用权的，应当向登记机构申请建设用地使用权登记。建设用地使用权自登记时设立。登记机构应当向建设用地使用权人发放权属证书。

第三百五十二条　建设用地使用权人建造的建筑物、构筑物及其附属设施的所有权属于建设用地使用权人，但是有相反证据证明的除外。

第十五章　　地役权

第三百七十二条　地役权人有权按照合同约定，利用他人的不动产，以提高自己的不动产的效益。

前款所称他人的不动产为供役地，自己的不动产为需役地。

第三百七十四条　地役权自地役权合同生效时设立。当事人要求登记的，可以向登记机构申请地役权登记；未经登记，不得对抗善意第三人。

第三百七十八条　土地所有权人享有地役权或者负担地役权的，设立土地承包经营权、宅基地使用权等用益物权时，该用益物权人继续享有或者负担已经设立的地役权。

第五分编　占有

第二十章　占有

第四百五十八条　基于合同关系等产生的占有，有关不动产或者动产的使用、收益、违约责任等，按照合同约定；合同没有约定或者约定不明确的，依照有关法律规定。

第四百五十九条　占有人因使用占有的不动产或者动产，致使该不动产或者动产受到损害的，恶意占有人应当承担赔偿责任。

第四百六十条　不动产或者动产被占有人占有的，权利人可以请求返还原物及其孳息；但是，应当支付善意占有人因维护该不动产或者动产支出的必要费用。

第四百六十一条　占有的不动产或者动产毁损、灭失，该不动产或者动产的权利人请求赔偿的，占有人应当将因毁损、灭失取得的保险金、赔偿金或者补偿金等返还给权利人；权利人的损害未得到足够弥补的，恶意占有人还应当赔偿损失。

第四百六十二条　占有的不动产或者动产被侵占的，占有人有权请求返还原物；对妨害占有的行为，占有人有权请求排除妨害或者消除危险；因侵占或者妨害造成损害的，占有人有权依法请求损害赔偿。

占有人返还原物的请求权，自侵占发生之日起一年内未行使的，该请求权消灭。

第六编　继承

第一章　一般规定

第一千一百二十二条　遗产是自然人死亡时遗留的个人合法财产。

依照法律规定或者根据其性质不得继承的遗产，不得继承。

第一千一百二十三条　继承开始后，按照法定继承办理；有遗嘱的，按照遗嘱继承或者遗赠办理；有遗赠扶养协议的，按照协议办理。

第四章　遗产的处理

第一千一百六十条　无人继承又无人受遗赠的遗产，归国家所有，用于公益事业；死者生前是集体所有制组织成员的，归所在集体所有制组织所有。

附录B 最高人民法院关于审理房屋登记案件若干问题的规定

《最高人民法院关于审理房屋登记案件若干问题的规定》已于2010年8月2日由最高人民法院审判委员会第1491次会议通过，现予公布，自2010年11月18日起施行。

二〇一〇年十一月五日

为正确审理房屋登记案件，根据《中华人民共和国物权法》《中华人民共和国城市房地产管理法》《中华人民共和国行政诉讼法》等有关法律规定，结合行政审判实际，制定本规定。

第一条 公民、法人或者其他组织对房屋登记机构的房屋登记行为以及与查询、复制登记资料等事项相关的行政行为或者相应的不作为不服，提起行政诉讼的，人民法院应当依法受理。

第二条 房屋登记机构根据人民法院、仲裁委员会的法律文书或者有权机关的协助执行通知书以及人民政府的征收决定办理的房屋登记行为，公民、法人或者其他组织不服提起行政诉讼的，人民法院不予受理，但公民、法人或者其他组织认为登记与有关文书内容不一致的除外。

房屋登记机构作出未改变登记内容的换发、补发权属证书、登记证明或者更新登记簿的行为,公民、法人或者其他组织不服提起行政诉讼的,人民法院不予受理。

房屋登记机构在行政诉讼法施行前作出的房屋登记行为,公民、法人或者其他组织不服提起行政诉讼的,人民法院不予受理。

第三条 公民、法人或者其他组织对房屋登记行为不服提起行政诉讼的,不受下列情形的影响:

(一)房屋灭失;

(二)房屋登记行为已被登记机构改变;

(三)生效法律文书将房屋权属证书、房屋登记簿或者房屋登记证明作为定案证据采用。

第四条 房屋登记机构为债务人办理房屋转移登记,债权人不服提起诉讼,符合下列情形之一的,人民法院应当依法受理:

(一)以房屋为标的物的债权已办理预告登记的;

(二)债权人为抵押权人且房屋转让未经其同意的;

(三)人民法院依债权人申请对房屋采取强制执行措施并已通知房屋登记机构的;

(四)房屋登记机构工作人员与债务人恶意串通的。

第五条 同一房屋多次转移登记,原房屋权利人、原利害关系人对首次转移登记行为提起行政诉讼的,人民法院应当依法受理。

原房屋权利人、原利害关系人对首次转移登记行为及后续转移登记行为一并提起行政诉讼的,人民法院应当依法受理;人民法院判决驳回原告就在先转移登记行为提出的诉讼请求,或者因保护善意第三人确认在先房屋登记行为违法的,应当裁定驳回原告对后续转移登记行为的起诉。

原房屋权利人、原利害关系人未就首次转移登记行为提起行政诉讼，对后续转移登记行为提起行政诉讼的，人民法院不予受理。

第六条　人民法院受理房屋登记行政案件后，应当通知没有起诉的下列利害关系人作为第三人参加行政诉讼：

（一）房屋登记簿上载明的权利人；

（二）被诉异议登记、更正登记、预告登记的权利人；

（三）人民法院能够确认的其他利害关系人。

第七条　房屋登记行政案件由房屋所在地人民法院管辖，但有下列情形之一的也可由被告所在地人民法院管辖：

（一）请求房屋登记机构履行房屋转移登记、查询、复制登记资料等职责的；

（二）对房屋登记机构收缴房产证行为提起行政诉讼的；

（三）对行政复议改变房屋登记行为提起行政诉讼的。

第八条　当事人以作为房屋登记行为基础的买卖、共有、赠与、抵押、婚姻、继承等民事法律关系无效或者应当撤销为由，对房屋登记行为提起行政诉讼的，人民法院应当告知当事人先行解决民事争议，民事争议处理期间不计算在行政诉讼起诉期限内；已经受理的，裁定中止诉讼。

第九条　被告对被诉房屋登记行为的合法性负举证责任。被告保管证据原件的，应当在法庭上出示。被告不保管原件的，应当提交与原件核对一致的复印件、复制件并作出说明。当事人对被告提交的上述证据提出异议的，应当提供相应的证据。

第十条　被诉房屋登记行为合法的，人民法院应当判决驳回原告的诉讼请求。

第十一条 被诉房屋登记行为涉及多个权利主体或者房屋可分,其中部分主体或者房屋的登记违法应予撤销的,可以判决部分撤销。

被诉房屋登记行为违法,但该行为已被登记机构改变的,判决确认被诉行为违法。

被诉房屋登记行为违法,但判决撤销将给公共利益造成重大损失或者房屋已为第三人善意取得的,判决确认被诉行为违法,不撤销登记行为。

第十二条 申请人提供虚假材料办理房屋登记,给原告造成损害,房屋登记机构未尽合理审慎职责的,应当根据其过错程度及其在损害发生中所起作用承担相应的赔偿责任。

第十三条 房屋登记机构工作人员与第三人恶意串通违法登记,侵犯原告合法权益的,房屋登记机构与第三人承担连带赔偿责任。

第十四条 最高人民法院以前所作的相关的司法解释,凡与本规定不一致的,以本规定为准。

农村集体土地上的房屋登记行政案件参照本规定。

附录 C 城市房地产抵押管理办法
（2021 修订）

（1997 年 5 月 9 日建设部令第 56 号发布，根据 2001 年 8 月 15 日建设部令第 98 号、2021 年 3 月 30 日住房和城乡建设部令第 52 号修改）

第一章 总则

第一条 为了加强房地产抵押管理，维护房地产市场秩序，保障房地产抵押当事人的合法权益，根据《中华人民共和国城市房地产管理法》、《中华人民共和国担保法》，制定本办法。

第二条 凡在城市规划区国有土地范围内从事房地产抵押活动的，应当遵守本办法。

地上无房屋（包括建筑物、构筑物及在建工程）的国有土地使用权设定抵押的，不适用本办法。

第三条 本办法所称房地产抵押，是指抵押人以其合法的房地产以不转移占有的方式向抵押权人提供债务履行担保的行为。债务人不履行债务时，债权人有权依法以抵押的房地产拍卖所得的价款优先受偿。

本办法所称抵押人，是指将依法取得的房地产提供给抵押权人，作为本人或者第三人履行债务担保的公民、法人或者其他组织。

附录：相关法律法规

本办法所称抵押权人，是指接受房地产抵押作为债务人履行债务担保的公民、法人或者其他组织。

本办法所称预购商品房贷款抵押，是指购房人在支付首期规定的房价款后，由贷款银行代其支付其余的购房款，将所购商品房抵押给贷款银行作为偿还贷款履行担保的行为。

本办法所称在建工程抵押，是指抵押人为取得在建工程继续建造资金的贷款，以其合法方式取得的土地使用权连同在建工程的投入资产，以不转移占有的方式抵押给贷款银行作为偿还贷款履行担保的行为。

第四条　以依法取得的房屋所有权抵押的，该房屋占用范围内的土地使用权必须同时抵押。

第五条　房地产抵押，应当遵循自愿、互利、公平和诚实信用的原则。

依法设定的房地产抵押，受国家法律保护。

第六条　国家实行房地产抵押登记制度。

第七条　国务院建设行政主管部门归口管理全国城市房地产抵押管理工作。

省、自治区建设行政主管部门归口管理本行政区域内的城市房地产抵押管理工作。

直辖市、市、县人民政府房地产行政主管部门（以下简称房地产管理部门）负责管理本行政区域内的房地产抵押管理工作。

第二章 房地产抵押权的设定

第八条 下列房地产不得设定抵押:

(一)权属有争议的房地产;

(二)用于教育、医疗、市政等公共福利事业的房地产;

(三)列入文物保护的建筑物和有重要纪念意义的其他建筑物;

(四)已依法公告列入拆迁范围的房地产;

(五)被依法查封、扣押、监管或者以其他形式限制的房地产;

(六)依法不得抵押的其他房地产。

第九条 同一房地产设定两个以上抵押权的,抵押人应当将已经设定过的抵押情况告知抵押权人。

抵押人所担保的债权不得超出其抵押物的价值。

房地产抵押后,该抵押房地产的价值大于所担保债权的余额部分,可以再次抵押,但不得超出余额部分。

第十条 以两宗以上房地产设定同一抵押权的,视为同一抵押房地产。但抵押当事人另有约定的除外。

第十一条 以在建工程已完工部分抵押的,其土地使用权随之抵押。

第十二条 以享受国家优惠政策购买的房地产抵押的,其抵押额以房地产权利人可以处分和收益的份额比例为限。

第十三条 国有企业、事业单位法人以国家授予其经营管理的房地产抵押的,应当符合国有资产管理的有关规定。

第十四条 以集体所有制企业的房地产抵押的,必须经集体所有制企业职工(代表)大会通过,并报其上级主管机关备案。

第十五条　以外商投资企业的房地产抵押的，必须经董事会通过，但企业章程另有规定的除外。

第十六条　以有限责任公司、股份有限公司的房地产抵押的，必须经董事会或者股东大会通过，但企业章程另有规定的除外。

第十七条　有经营期限的企业以其所有的房地产设定抵押的，所担保债务的履行期限不应当超过该企业的经营期限。

第十八条　以具有土地使用年限的房地产设定抵押的，所担保债务的履行期限不得超过土地使用权出让合同规定的使用年限减去已经使用年限后的剩余年限。

第十九条　以共有的房地产抵押的，抵押人应当事先征得其他共有人的书面同意。

第二十条　预购商品房贷款抵押的，商品房开发项目必须符合房地产转让条件并取得商品房预售许可证。

第二十一条　以已出租的房地产抵押的，抵押人应当将租赁情况告知抵押权人，并将抵押情况告知承租人。原租赁合同继续有效。

第二十二条　设定房地产抵押时，抵押房地产的价值可以由抵押当事人协商议定，也可以由房地产价格评估机构评估确定。

法律法规另有规定的除外。

第二十三条　抵押当事人约定对抵押房地产保险的，由抵押人为抵押的房地产投保，保险费由抵押人负担。抵押房地产投保的，抵押人应当将保险单移送抵押权人保管。在抵押期间，抵押权人为保险赔偿的第一受益人。

第二十四条　企业、事业单位法人分立或者合并后，原抵押合同继续有效，其权利和义务由变更后的法人享有和承担。

抵押人死亡、依法被宣告死亡或者被宣告失踪时，其房地产合法继承人或者代管人应当继续履行原抵押合同。

第三章　房地产抵押合同的订立

第二十五条　房地产抵押，抵押当事人应当签订书面抵押合同。

第二十六条　房地产抵押合同应当载明下列主要内容：

（一）抵押人、抵押权人的名称或者个人姓名、住所；

（二）主债权的种类、数额；

（三）抵押房地产的处所、名称、状况、建筑面积、用地面积以及四至等；

（四）抵押房地产的价值；

（五）抵押房地产的占用管理人、占用管理方式、占用管理责任以及意外损毁、灭失的责任；

（六）债务人履行债务的期限；

（七）抵押权灭失的条件；

（八）违约责任；

（九）争议解决方式；

（十）抵押合同订立的时间与地点；

（十一）双方约定的其他事项。

第二十七条　以预购商品房贷款抵押的，须提交生效的预购房屋合同。

第二十八条 以在建工程抵押的,抵押合同还应当载明以下内容:

(一)《国有土地使用权证》、《建设用地规划许可证》和《建设工程规划许可证》编号;

(二)已交纳的土地使用权出让金或需交纳的相当于土地使用权出让金的款额;

(三)已投入在建工程的工程款;

(四)施工进度及工程竣工日期;

(五)已完成的工作量和工程量。

第二十九条 抵押权人要求抵押房地产保险的,以及要求在房地产抵押后限制抵押人出租、转让抵押房地产或者改变抵押房地产用途的,抵押当事人应当在抵押合同中载明。

第四章　房地产抵押登记

第三十条 房地产抵押合同自签订之日起30日内,抵押当事人应当到房地产所在地的房地产管理部门办理房地产抵押登记。

第三十一条 房地产抵押合同自抵押登记之日起生效。

第三十二条 办理房地产抵押登记,应当向登记机关交验下列文件:

(一)抵押当事人的身份证明或法人资格证明;

(二)抵押登记申请书;

(三)抵押合同;

(四)《国有土地使用权证》、《房屋所有权证》或《房地产权证》,共有的房屋还必须提交《房屋共有权证》和其他共有人同意抵押的证明;

（五）可以证明抵押人有权设定抵押权的文件与证明材料；

（六）可以证明抵押房地产价值的资料；

（七）登记机关认为必要的其他文件。

第三十三条　登记机关应当对申请人的申请进行审核。凡权属清楚、证明材料齐全的，应当在受理登记之日起7日内决定是否予以登记，对不予登记的，应当书面通知申请人。

第三十四条　以依法取得的房屋所有权证书的房地产抵押的，登记机关应当在原《房屋所有权证》上作他项权利记载后，由抵押人收执。并向抵押人颁发《房屋他项权证》。

以预售商品房或者在建工程抵押的，登记机关应当在抵押合同上作记载。抵押的房地产在抵押期间竣工的，当事人应当在抵押人领取房地产权属证书后，重新办理房地产抵押登记。

第三十五条　抵押合同发生变更或者抵押关系终止时，抵押当事人应当在变更或者终止之日起15日内，到原登记机关办理变更或者注销抵押登记。

因依法处分抵押房地产而取得土地使用权和土地建筑物、其他附着物所有权的，抵押当事人应当自处分行为生效之日起30日内，到县级以上地方人民政府房地产管理部门申请房屋所有权转移登记，并凭变更后的房屋所有权证书向同级人民政府土地管理部门申请土地使用权变更登记。

第五章　抵押房地产的占用与管理

第三十六条　已作抵押的房地产，由抵押人占用与管理。

抵押人在抵押房地产占用与管理期间应当维护抵押房地产的安全与完好。抵押权人有权按照抵押合同的规定监督、检查抵押房地产的管理情况。

第三十七条　抵押权可以随债权转让。抵押权转让时，应当签订抵押权转让合同，并办理抵押权变更登记。抵押权转让后，原抵押权人应当告知抵押人。

经抵押权人同意，抵押房地产可以转让或者出租。

抵押房地产转让或者出租所得价款，应当向抵押权人提前清偿所担保的债权。超过债权数额的部分，归抵押人所有，不足部分由债务人清偿。

第三十八条　因国家建设需要，将已设定抵押权的房地产列入拆迁范围的，抵押人应当及时书面通知抵押权人；抵押双方可以重新设定抵押房地产，也可以依法清理债权债务，解除抵押合同。

第三十九条　抵押人占用与管理的房地产发生损毁、灭失的，抵押人应当及时将情况告知抵押权人，并应当采取措施防止损失的扩大。抵押的房地产因抵押人的行为造成损失使抵押房地产价值不足以作为履行债务的担保时，抵押权人有权要求抵押人重新提供或者增加担保以弥补不足。

抵押人对抵押房地产价值减少无过错的，抵押权人只能在抵押人因损害而得到的赔偿的范围内要求提供担保。抵押房地产价值未减少的部分，仍作为债务的担保。

第六章 抵押房地产的处分

第四十条 有下列情况之一的,抵押权人有权要求处分抵押的房地产:

(一)债务履行期满,抵押权人未受清偿的,债务人又未能与抵押权人达成延期履行协议的;

(二)抵押人死亡,或者被宣告死亡而无人代为履行到期债务的;或者抵押人的合法继承人、受遗赠人拒绝履行到期债务的;

(三)抵押人被依法宣告解散或者破产的;

(四)抵押人违反本办法的有关规定,擅自处分抵押房地产的;

(五)抵押合同约定的其他情况。

第四十一条 本办法第四十条规定情况之一的,经抵押当事人协商可以通过拍卖等合法方式处分抵押房地产。协议不成的,抵押权人可以向人民法院提起诉讼。

第四十二条 抵押权人处分抵押房地产时,应当事先书面通知抵押人;抵押房地产为共有或者出租的,还应当同时书面通知共有人或承租人;在同等条件下,共有人或承租人依法享有优先购买权。

第四十三条 同一房地产设定两个以上抵押权时,以抵押登记的先后顺序受偿。

第四十四条 处分抵押房地产时,可以依法将土地上新增的房屋与抵押财产一同处分,但对处分新增房屋所得,抵押权人无权优先受偿。

第四十五条 以划拨方式取得的土地使用权连同地上建筑物设定的房地产抵押进行处分时,应当从处分所得的价款中缴纳相当于应当缴纳的土地使用权出让金的款额后,抵押权人方可优先受偿。

法律法规另有规定的依照其规定。

第四十六条　抵押权人对抵押房地产的处分,因下列情况而中止:

(一)抵押权人请求中止的;

(二)抵押人申请愿意并证明能够及时履行债务,并经抵押权人同意的;

(三)发现被拍卖抵押物有权属争议的;

(四)诉讼或仲裁中的抵押房地产;

(五)其他应当中止的情况。

第四十七条　处分抵押房地产所得金额,依下列顺序分配:

(一)支付处分抵押房地产的费用;

(二)扣除抵押房地产应缴纳的税款;

(三)偿还抵押权人债权本息及支付的违约金;

(四)赔偿由债务人违反合同而对抵押权人造成的损害;

(五)剩余金额交还抵押人。

处分抵押房地产所得金额不足以支付债务和违约金、赔偿金时,抵押权人有权向债务人追索不足部分。

第七章　法律责任

第四十八条　抵押人隐瞒抵押的房地产存在共有、产权争议或者被查封、扣押等情况的,抵押人应当承担由此产生的法律责任。

第四十九条　抵押人擅自以出售、出租、交换、赠与或者以其他方式处分抵押房地产的,其行为无效;造成第三人损失的,由抵押人予以赔偿。

第五十条 抵押当事人因履行抵押合同或者处分抵押房地产发生争议的,可以协商解决;协商不成的,抵押当事人可以根据双方达成的仲裁协议向仲裁机构申请仲裁;没有仲裁协议的,也可以直接向人民法院提起诉讼。

第五十一条 因国家建设需要,将已设定抵押权的房地产列入拆迁范围时,抵押人违反前述第三十八条的规定,不依法清理债务,也不重新设定抵押房地产的,抵押权人可以向人民法院提起诉讼。

第五十二条 登记机关工作人员玩忽职守、滥用职权,或者利用职位上的便利,索取他人财物,或者非法收受他人财物为他人谋取利益的,依法给予行政处分;构成犯罪的,依法追究刑事责任。

第八章 附则

第五十三条 在城市规划区外国有土地上进行房地产抵押活动的,参照本办法执行。

第五十四条 本办法由国务院建设行政主管部门负责解释。

第五十五条 本办法自1997年6月1日起施行。

附录：相关法律法规

附录 D 最高人民法院关于适用《中华人民共和国民法典》物权编的解释（一）

法释〔2020〕24号

（2020年12月25日最高人民法院审判委员会第1825次会议通过，自2021年1月1日起施行）

为正确审理物权纠纷案件，根据《中华人民共和国民法典》等相关法律规定，结合审判实践，制定本解释。

第一条　因不动产物权的归属，以及作为不动产物权登记基础的买卖、赠与、抵押等产生争议，当事人提起民事诉讼的，应当依法受理。当事人已经在行政诉讼中申请一并解决上述民事争议，且人民法院一并审理的除外。

第二条　当事人有证据证明不动产登记簿的记载与真实权利状态不符、其为该不动产物权的真实权利人，请求确认其享有物权的，应予支持。

第三条　异议登记因民法典第二百二十条第二款规定的事由失效后，当事人提起民事诉讼，请求确认物权归属的，应当依法受理。异议登记失效不影响人民法院对案件的实体审理。

第四条　未经预告登记的权利人同意，转让不动产所有权等物权，或者设立建设用地使用权、居住权、地役权、抵押权等其他物权的，应当依照民法典第二百二十一条第一款的规定，认定其不发生物权效力。

第五条　预告登记的买卖不动产物权的协议被认定无效、被撤销，或者预告登记的权利人放弃债权的，应当认定为民法典第二百二十一条第二款所称的"债权消灭"。

第六条　转让人转让船舶、航空器和机动车等所有权，受让人已经支付合理价款并取得占有，虽未经登记，但转让人的债权人主张其为民法典第二百二十五条所称的"善意第三人"的，不予支持，法律另有规定的除外。

第七条　人民法院、仲裁机构在分割共有不动产或者动产等案件中作出并依法生效的改变原有物权关系的判决书、裁决书、调解书，以及人民法院在执行程序中作出的拍卖成交裁定书、变卖成交裁定书、以物抵债裁定书，应当认定为民法典第二百二十九条所称导致物权设立、变更、转让或者消灭的人民法院、仲裁机构的法律文书。

第八条　依据民法典第二百二十九条至第二百三十一条规定享有物权，但尚未完成动产交付或者不动产登记的权利人，依据民法典第二百三十五条至第二百三十八条的规定，请求保护其物权的，应予支持。

第九条　共有份额的权利主体因继承、遗赠等原因发生变化时，其他按份共有人主张优先购买的，不予支持，但按份共有人之间另有约定的除外。

第十条　民法典第三百零五条所称的"同等条件"，应当综合共有份额的转让价格、价款履行方式及期限等因素确定。

第十一条　优先购买权的行使期间，按份共有人之间有约定的，按

照约定处理;没有约定或者约定不明的,按照下列情形确定:

(一)转让人向其他按份共有人发出的包含同等条件内容的通知中载明行使期间的,以该期间为准;

(二)通知中未载明行使期间,或者载明的期间短于通知送达之日起十五日的,为十五日;

(三)转让人未通知的,为其他按份共有人知道或者应当知道最终确定的同等条件之日起十五日;

(四)转让人未通知,且无法确定其他按份共有人知道或者应当知道最终确定的同等条件的,为共有份额权属转移之日起六个月。

第十二条 按份共有人向共有人之外的人转让其份额,其他按份共有人根据法律、司法解释规定,请求按照同等条件优先购买该共有份额的,应予支持。其他按份共有人的请求具有下列情形之一的,不予支持:

(一)未在本解释第十一条规定的期间内主张优先购买,或者虽主张优先购买,但提出减少转让价款、增加转让人负担等实质性变更要求;

(二)以其优先购买权受到侵害为由,仅请求撤销共有份额转让合同或者认定该合同无效。

第十三条 按份共有人之间转让共有份额,其他按份共有人主张依据民法典第三百零五条规定优先购买的,不予支持,但按份共有人之间另有约定的除外。

第十四条 受让人受让不动产或者动产时,不知道转让人无处分权,且无重大过失的,应当认定受让人为善意。

真实权利人主张受让人不构成善意的,应当承担举证证明责任。

第十五条 具有下列情形之一的,应当认定不动产受让人知道转让人无处分权：

（一）登记簿上存在有效的异议登记；

（二）预告登记有效期内，未经预告登记的权利人同意；

（三）登记簿上已经记载司法机关或者行政机关依法裁定、决定查封或者以其他形式限制不动产权利的有关事项；

（四）受让人知道登记簿上记载的权利主体错误；

（五）受让人知道他人已经依法享有不动产物权。

真实权利人有证据证明不动产受让人应当知道转让人无处分权的，应当认定受让人具有重大过失。

第十六条　受让人受让动产时，交易的对象、场所或者时机等不符合交易习惯的，应当认定受让人具有重大过失。

第十七条　民法典第三百一十一条第一款第一项所称的"受让人受让该不动产或者动产时"，是指依法完成不动产物权转移登记或者动产交付之时。

当事人以民法典第二百二十六条规定的方式交付动产的，转让动产民事法律行为生效时为动产交付之时；当事人以民法典第二百二十七条规定的方式交付动产的，转让人与受让人之间有关转让返还原物请求权的协议生效时为动产交付之时。

法律对不动产、动产物权的设立另有规定的，应当按照法律规定的时间认定权利人是否为善意。

第十八条　民法典第三百一十一条第一款第二项所称"合理的价格"，应当根据转让标的物的性质、数量以及付款方式等具体情况，参考转让时交易地市场价格以及交易习惯等因素综合认定。

第十九条 转让人将民法典第二百二十五条规定的船舶、航空器和机动车等交付给受让人的,应当认定符合民法典第三百一十一条第一款第三项规定的善意取得的条件。

第二十条 具有下列情形之一,受让人主张依据民法典第三百一十一条规定取得所有权的,不予支持:

(一)转让合同被认定无效;

(二)转让合同被撤销。

第二十一条 本解释自2021年1月1日起施行。